あなたがここに転生した理由

坂東忠信

青林堂

まえがき

私は、36歳までは北京語を武器にして、捜査活動に従事していた元警察官です。密航者が半数を占める中国人犯罪者や参考人１４００人ほどの通訳取り調べをしながら、北京語で殺しの状況を聴いたり、金庫の開け方、殺されかけた被害状況、スリリングな密航の様子など様々な当事者の体験談を聞いたり、また自分自身ガサの現場に踏み込んで、まだ血も固まっていないような様々な事件現場を見てまいりました。

これまで私が書いた本の中にはそうした場所に踏み込んだ体験などを盛り込んできたのですが、どうしても踏み込めないエリアがあるのです。それは、フリーメイソンのロッジにまで入った私でも、踏み込んだら二度と帰ってこれなくなりそうな場所。

それは、「あの世」です。取材どころかある意味「立ち入り禁止」エリアなのに、必ず誰もがいずれは行かなくてはいけない場所。もちろんこの世では一般的に18歳未満立入禁止で、年金暮らしの65歳過ぎあたりで「ちょっと覗いてみようかな」なんて思っても世間からは「まだ若い」とかみんなに引き止められてしまう、日本では「R84」(平均寿命)な世界なので、まだ私の父母でさえ入れない謎の世界なのです。

しかも私は現在保守系の論壇末席に位置しているため、この世界に関する問題を避けて通ることができません。

「え？　なんで？」ってお思いでしょうか。

日本の保守派が絶対に「保守」すべき事柄はいくつかありますが、保守派が基本的に守らなくてはいけないもののひとつが、日本国憲法第一条にも国の象徴として定められている「天皇」です。この天皇がなぜ天皇たりえるかと言えば、それは天とこの世をつなぐ存在だから。「天」に国民の安全と国家の安寧を願う最高神官たる「皇」だからこそ天皇なのです。

ではその「天」とはどこにあるのか？　どんなところなのか？

ちなみに神道には天国も極楽も地獄も煉獄《れんごく》もありません。聖書のような経典もなければ、教祖様もいなくて、参拝者はお祈りのときに「手洗いして口をゆすぎなさい」

とか「5円でいいからお賽銭入れて」なんて程度の要求さえされないのになぜかそうしてしまうのですが、その神様も神話の世界ではなんとも人間っぽい上に、現世に生きていた人間も死んだ後は神様として祀られたりもしますから、あの世ももしかしてこっちと大差ない？

そんなあっちの世界とこの世をつないで来たのが歴代天皇であり、私達は日本人として天皇と皇室を少なくとも2680年も支え、大切にしているのです。だから保守でありながらあの世の話を否定するなんてのは偽装保守的唯物論者ですよ。先日の天皇御即位の際には、それまで降っていた雨と風がやんで東京上空には虹が現れ、その当日に初冠雪で雪化粧した富士山には三重の雲がかかって上空が晴れました。映画「天気の子」を超える現実の「天皇」の威力を、国民のみならず式典に参加した200を超える各国の王族や首脳が目の当たりにしたのです。今上陛下は皇后陛下とのご成婚パレードの際にも、それまで降り続いていた雨雲が突然止んで陽の光が鮮やかに沿道を照らすなど、この激動の時代にふさわしい天とのつながりを国民に示されています。

しかしまあ私も元警察官ですので、いくら目に見えないあの世の話とはいえ、さすがに私自身感じたことのないことは書けません。だからこの本にはご先祖様や守護霊様の自動書記とか高次元意識体のメッセージとか宇宙人の警告とかはありませんし、グレイ型宇宙人も（爬虫類《はちゅうるい》型も）、出てきません。いわゆる「神様」などの存在に言及することはあっても、明確かつ具体的なメッセージを受信したことはほぼなし。そんな私ですが、「死後も自意識が存在する」ということを大前提にした上で、普通に考えてみたらいろんなことが見えてきたのです。

例えば死後は肉体の限界がありませんので、「頭蓋骨」の中に「眼球」が収まっているわけではないため、視界は３６０度に開けるでしょう。また「眼球」という物体は視認に限界があり可視光線しか認識できませんが、死後は眼球を通さず対象を認識しますので、生前は見えていなかった様々な光や音も感知できるでしょう。そうした

肉体の制約がない世界です。脳死を含めた蘇生者の証言などから考え、死後も意識を持ち続けることを大前提とするなら、

①死ねば肉体を失い意識のみになる　～　個性を維持した意識そのもの＝魂になる

②物質空間世界の制約を受けない　～　物質空間世界以外にあり続ける

③望みのままになる　～　望み通りにしかならない

のです。このごく当たり前の3つこそが、あの世を読み解く大きな鍵となります。

そしてそもそも、あの世は物質空間世界ではないため、死後に「行く場所」ではありません。そこに「出る」という表現が適切かどうかはわかりませんが「行く」という移動もないし「場所」だなんて空間ですらないのですよ。でもあの世を理解するために、私達は私達がこの物質空間世界で会得した体験とイメージによって、あの世を解釈し、把握することができるのです。

というわけで、脳挫傷で死んだつもりで脳みそを柔らかくして、取材に行ったら二度と帰ってこれないその世界をチラ見しに行ってみましょう！

目次

第三章　その先に逝ってみよう！…… 95

第一章

生きて、魂磨こう。

初めてのホトケ様

私は現在、社会問題に関する本を書いている作家ではありますが、元は警視庁に18年勤務していた警察官でした。警察官時代は北京語を武器に中国人犯罪者を逮捕し取り調べたりする通訳捜査官でしたし、署に異動しても、中国人を取り扱う署内各係から通訳要請でモテモテ（ただし声をかけてくれるのはセクシーな婦警さんではなくブルドッグ顔の先輩刑事たちばかり）だったため、公安に在籍しながらも刑事や生活安全、交通、留置などの各方面で、中国人犯罪者の取り調べや参考人の通訳、聞き取りなどもしていました。私服での勤務が長かったのですが、中野・新宿・池袋などの駅前交番では制服警察官として交番勤務した時期もあります。

警察官は所属を異動すると、基本的にまず交番勤務から始まります。特に若い警察官は、事件が発生すればまず一番に現場に駆けつけることが大切。実務経験が少ないからその程度しかできないし、最初に臨場すれば事件発生のナマに近い状態で現場を知ることができる上に、犯人がまだいる場合もあり、その身柄を確保できれば大手柄。徒競走は速くないくせに自転車だとメチャクチャに速いかったため、交番では私の走り方を見た地域住民の方から、「お巡りさん、その自転車の後ろの白い箱ってエンジン入ってるんですか？」と真顔で聞かれたことが何度かあります。当時は電動アシストなんかない時代でしたから不思議だったのかもしれませんが、実際に（めったに成功しませんが）油断した原付に追いついて検挙したことも2度ほどあります。

そんな勤務の中でも、思い出深い事件の一つが、私が警察官になったばかりの頃、中野駅前交番に勤務していたときの飛び降り自殺でした。それは私が初めてホトケ様と出会った事件だったからです

夜中の2時過ぎに、病院の屋上から患者のお年寄りが飛び降り、病院の玄関前に張り出した屋根の上に落下。私が臨場して見たところ、頭を強く打ったらしく顔も3分の1ほど潰れ、既に体温は下がっていて完全に死亡していました。そこですぐに無線

で署に連絡したところ、刑事課の刑事は別件取り扱い中のため、明朝一番に臨場する鑑識係員の到着まで現状保存せよ、との指示。誰も入ってくるはずのない玄関屋根の上に、病院から椅子を借りて朝までホトケ様と向かい合って座っていたのです。宿直の看護師さんの話によると、この男性は入院中で体が不自由だったことからふさぎ込むことが多かったとのこと。その不自由な体で屋上まで階段を這い登り、手すりの柵を乗り越えて投身自殺したという事実に、私は「人間って目的が明確になってやろうと思えば、普段できないこともできるし、できてしまうのか」「そこまで、死を求めるほど苦しかったんだろうな」などいろいろ考えましたね。

で、落下して屋根に叩きつけられたとはいえ、頭の3分の1が潰れて腰骨がはずれて変に出っ張ってる以外、大した出血もないものですから、初めて見るホトケ様なのにまだ生きているような気がする。吹きっ晒しでは寒かろうと思い、ビニールシートをかぶせていたのですが、草木も眠る丑三つ刻ですので気になってシートをめくり、確認したのです。すると、臨場したばかりのときには閉じていた瞼が開いていて、うつろに私の足元を見ていたのですよ。「あれ？　す、すみません、もしかして生きてますか？　寒いですか？」と声をかけたのですが、全く返事がない。

私は何故か冷静に「これは警察学校で習った死後の生体反応というやつだな」と納得しました。つまり命は失っていても細胞が生きているため、怪我に反応して患部が腫れることによる変化なのだそうですが、顔面を打ち付けたため、下になった右目が腫れて目が開いたようなのです。

でも本人は死んでるのに細胞は生きているのか？　では「本人」とは何で、体のどの部位を指すのかな？　もしかして体も動かず、まばたきもできないけど、反応がないだけで実は何か言いたいことがあるんじゃないか？　そもそも夕食までは生きていた人が死んでいなくなるって、何がどこに行くのだろう？

……初めてのホトケ様は、私にそんな疑問を与えてくれたのです。

あっという間に行く「あの世」

その日から私はよく、この人生が終わった先のことを考えるようになりました。

人間五十年　下天《げてん》の内を比ぶれば　夢幻《ゆめまぼろし》の如くなり

一度生を得て　滅せぬ者のあるべきかな

これは、戦国の覇王・織田信長公が好んで舞ったといわれる「敦盛」です。NHK大河ドラマを始め彼が主役や脇役として登場する映画は多数作られていますので、この敦盛の舞をテレビで見たことのある方は多いでしょう。ただ、よく間違えられるのは「人間五十年」。これは「にんげんごじゅうねん」ではなく、「じんかんごじゅうねん」と読むのだそうです。つまり「人間ってのは生きて50年くらいなもの」という意味ではなく「人の間に生きて50年、世の中にその時の長さを比べてみれば、夢か幻のようなものだ　ひとたび命を得ても、滅びないものなどあるワケないでしょ？」という意味です。（ちなみに「人間」は北京語では「レンジェン」と発音し、やはり人そのものではなく「人の社会」を意味しています）

私がこの「敦盛」を知ったのは小学校2年生頃で、歴史漫画のワンシーンで信長公がこの敦盛を舞ったあと、出陣の掛け声とともに馬にまたがり、桶狭間を通過中の今川義元公を討ちに行くという一場面でした。ところがその本の中で信長公は本能寺の変で死んでしまうのです。その本の巻末にあった年表をみると、信長公は享年49歳。私は当時小学生の間で話題になっていた「ノストラダムスの大予言」の影響もあり、だいたい32歳頃に死ぬのだろうと思っていたのですが（笑）、この信長公を超えて「長生き」するとは考えていませんでした。

しかし時間の経過はあのマンガの敦盛のとおりで、私があれを読んでから今に至るまで、本当に「下天の内を比ぶれば　夢幻の如くなり」って感じ。ちなみに信長公より長生きした豊臣秀吉公も享年62歳で、「露と落ち 露と消えにし我が身かな なにわのことも夢のまた夢」と辞世の句を詠んであの世に旅立ちました。またその後の天下を握った徳川家康公も「嬉しやと　二度《ふたたび》さめて　一眠《ひとねむ》り　浮世の夢は　暁の空」と穏やかな辞世を詠み73歳で人生を閉じました。いい夢でも見ていたのでしょうか、嬉しい気分で二度寝から目覚めてまた一眠りしたが、この世でのことなど、その明け方の空に溶けてしまう夢のようなものだった、というのです。

「夢幻の如くなり」「夢のまた夢」「浮世の夢は　暁の空」と、戦国武将ほど激しく命を燃やし殺し合い、生き残り、生き抜いても、この世でのことなど夢のようなものであったと言うことは一致しています。

そして彼らのような弱肉強食の社会で天下を取った戦国武将でさえ、死を免れることはできません。

親からもらった肉体

体型や体質など、親からもらった肉体は、そのコンプレックスの元になったり、逆に社会に出てからその長所を武器に幸せを掴んだり、老後は遺伝体質に悩んだりと、生きているうちは切り離すことができないメリットやデメリットを満載した私達の魂の「乗り物」です。

特に「性格は顔に現れる」と言われます。どんなスケベなオッサンでも、正面から女性が来たら、まずその人格が想像しやすい顔を見るはずで、胸やお尻はその後でしょ？（ちがうかな？）これは女性も同じだと思います。

でも、様々な犯罪者や、彼らを取り囲む参考人などたくさんの人々と接し多くの事件を扱って私がたどり着いた結論は、「性格は顔に現れる」のではない、ということです。正確に言うなら**「顔が性格を作りやすい」ということです。**服装センスや言葉遣い、声質や行動など、人に固有のイメージを与える要素は多数ありますが、人はまずその人がどんな顔をしているのかを無意識のうちに確認します。なぜならその顔にこそ、その気持ちが現れやすいからです。これにより、相手はそれに応じた反応を示すわけですが、**その相手の反応に対処することを繰り返すうちに、その人なりの独自**

の処世術、つまり社会行動パターンや性格を作り上げるのです。

例えば、ブルドッグ顔のヤクザだって、生まれたときから悪いやつではありません。成長に伴い親の遺伝が影響して、ちょっと迫力のある顔貌や体格になると、彼に接する相手が総じて引き気味だったり遠慮気味だったりすることに徐々に気がついて、押し通ることができる可能性や自分なりの処世術を見出し、その押しの強さをフル活用して人生の活路を開くのです。

そしてその路線で突き進んだ先に合法違法のラインがある。ヤクザはこのラインを超えることに慣れた社会を構成していて、一般人なら心のブレーキが掛かるそのデッドラインを場数を踏んで行き来することで、押しの強い迫力ある一人前のヤクザになれるのです。

でも「イカツイ顔だからやくざになる」とも限らないのは皆さん御存知のとおり。笑顔の象徴とも言える七福神の恵比寿様は、決してイケメンでもないし、それなりの貫禄がありますが、悪人ではないでしょ？　自分の顔つきや風貌に相手がビビる様子を見て「スキを見つけた！」と判断せず「あ、怖がらせちゃった？　ごめんね」と言う人も少なくない。その違いはその人が生まれながらにして持ち合わせる魂と、なにより親の愛情と教育によるものです。親が人に喜ばれることを教えるか、勝ち残ることを優先して教育するか、あるいは放置して善悪の区別なく全力自力で生きるしかない環境に置いてしまうかによって、同じブルドッグ顔でも恵比寿様のような人格が出来上がるか、怖いおっさんになるかが違うのです。

逆に、信頼できそうな表情や顔つきを利用して人を騙すことで世渡りし財を得る能力を磨いてしまう人もいます。だからイケメンがいい人とも限らないし、怖い顔だから悪いやつということもない。

大切なのは愛ある教育ですよ。本来優しい魂を持って生まれたのに、数十年かけてずる賢く生き残る知恵を磨いた末、死ぬときには魂が曇っていた……そういうこともあるでしょう。

私達は各自が独自の魂を持ってこの世に生まれていますが、生まれたときからその魂も変化しています。それが進化なのか退化なのかはそれぞれの判断と言えますが、あなたの代に至るまであなたの親が受け継いだ遺伝や、出産に至るまでの健康状態があなたに大きな影響を与えていたはずです。

父と母の出会いと決心、出産、あなたが受けた教育は、あなたの外面と内面を作り魂を保つ上で、すごく大切なものだったのです。あなたがその性格、その人柄になるためには、この日本と、父方母方のご先祖様が住んでいた地方の風土と、あなたを産んだ両親が、どうしても必要だったのです。

そんなわけで、たまには笑顔で親孝行しましょう。

生きた人の価値

「俺はしがないサラリーマンですよ」

なんて言う人もいますが、その会社では、あなたがいなければできなかった何かがあります。「俺がいなくてもできたはず」なんて悩む必要はありません。それはあなたの活動と結果の因果関係が、この世では認識されにくいだけ。例えばあなたが入れたお茶でひととき癒やされた先輩社員がひらめきを得た可能性もあるし、仕事終わりにあなたが会議室のテーブルを拭いて整理したからこそ、誰かが翌日そこに座ってスッキリとした気分でひらめいた企画や、それによって救われた会社もあるはず。まあそれが社運を上昇させて社員の給料をアップし、その家族の喜びにつながっても、お茶入れや机拭きと事業発展の因果関係は、この世では証明できないかもしれません。しかし物質の制約がなくなったあの世でなら、それが誰にもわかるようになると私は思うのです。あの世で見えるのは形ではなく、この世の目玉では見えなかった心や本質だからです。

また、結婚して家族を作り子供を生んで育てただけでも、それがどんなバカ親であれ、あの世ではもうそりゃすごい偉業であることを知ると思います。一方、家庭を持っていたらできない文化的・社会的業績を残すのは、まさに家庭を顧みる必要のない独身者だったりもします。誰にも邪魔されない環境の中、孤独と戦い孤高の道を行き突き抜けた技を身に付けたり、それを世に活かしたり、今の人類発展に貢献する功績を残したり、モノや文化を残している独身の偉人も多数います。また人々に「偉人」と認められなくても、何気ない一言や笑顔が、誰かの励みになって、接したその人が自殺を免れ総理大臣になる可能性もある。それってすごくないですか？　文化であれ、物であれ、喜びであれ、またそれが思い出であれ、一瞬であれ、喜びにつながる何かを作り出し、わずかの期間であっても残すことができる人は、もれなく素晴らしい偉人であると私は思うのです。

　そしてそれは社会にいる人間が評価しようとしまいと、その価値は変わらないし、むしろあの世でこそ輝くもの。その理由はまた後ほどお伝えしましょう。

そしていよいよ、死。

私達の魂は、現世の父母が準備した体に入ったそのときから「人生」として始まり、成長は緩やかに老化に向かい、いずれ必ず死ぬ時が来ます。しかも突然来ます。

私の場合、反日勢力の弱みを情け容赦なく暴いてコケにし笑い倒すこの仕事と性格のおかげで、畳の上で死ぬことはないような気もします。むしろ畳の上で死ぬなんて全く望んでないどころか、殺されるくらい激しく生きてみたい。それこそが勲章！

というバカっぷりを見透かしている親が「体に気をつけろ」じゃなくて「身の回りに気をつけろ」とか言う始末です。80超えた親を心配させる親不孝者であることは重々承知ですが、しょうがないですよ。愛国者と呼ばれたいわけでもないし、第一そういう自覚はない。ただやりたいことがあり、それがたまたま保守言論活動だったわけで、しかもなぜか知らないけど、カネがなくても、いや、なくなってもやり続けたし（その結果当然ですが離婚も経験しました）、やらないと気が済まないからやっているのです。

これは、もしかすると「業《ごう》」？　理由はわからないけど、理由がなくても、そうせざるを得ないし、しないと嫌だし、それをしたいのです。と言うか、「したくてたまらない」それって、言い換えるなら、魂の本能？　もしかするとそれこそが、今生の「生まれた理由」なのかな？　とも思うのですが、いずれにしてもやりたいことをやり尽くして死にたいもの。

でもいつ殺られてもいい準備もしています。死の間際で「太陽にほえろ」のジーパン刑事みたいに「な、なんじゃこりゃー！　死にたくねえよ〜！」とか絶叫するのはかっこ悪いでしょ？　だからいつでもその場でかっこよく辞世の句も詠めるよう暗記しております。そしてそういうことを考え始めた高校の頃から、家にエロ本の類は置きません（笑）。

死んじまったら全ておしまいです。裸一貫でこの世に生まれ、生前何を買って手に入れようとも奪おうとも、死んだら骨まで灰にしてあの世に帰るのですから、形あるものは何ひとつ持っていくことはできません。それでも欲しい物、突き詰めて言えば、死んでも欲しいもの、楽しみたいものは何か？　これこそが死後同じ特性の霊が集まる基準ではないかと思うのです。なぜなら死により物質的空間的制約を解かれた魂は、やりたいことをやろうとし、それを楽しむからです。

あなたが死んでも楽しみたいことはなんですか？　まずそれを見つけましょう。

さっきまで生きていた人の行き先

でも、好きなことをし尽くそうが、どれだけやり残したことがあろうが、誰にでも必ず、場合によっては突然死が訪れます。

先にお伝えした飛び降り自殺事件の扱いから半年ほど経って、まだ中野駅前交番に勤務していたある日の昼頃、自転車に乗って道を訪ねに来たお年寄りに、私は地理案内をしました。その小太りのおじいさんはにこやかに私にお礼を言うと、自転車にまたがり、駅前ロータリーのバス停を通って目的地に向かっていたのですが、気が付いたときには乗降客が多数並ぶバス停の縁石沿いに自転車を運転していたのです。

私は危険を感じたのですが、すでにおじいさんは40～50mほど先まで離れていました。そしてバス停に並ぶ人たちを避けながら縁石沿いにフラフラと自転車を漕いでいたのですが、バランスを崩し転倒。縁石の高さは15cmほどもあったことから足をつこうとしても足が届かず、そのまま一段低くなった車道の方に受け身も取らず真横に倒れたため、私はすぐに交番から出て駆け寄り、助け起こしました。「大丈夫ですか？」と声をかけても、おじいさんは心配をかけまいと思って、笑顔で「大丈夫、大丈夫」と繰り返すばかり。しかし右の耳の穴からたらたらと出血していて、とても大丈夫ではない状態でしたので、私はすぐに駅前交番にいた主任（交番の責任者の巡査部長）に119番通報を要請。

ほどなく救急車が来たのですが、そのおじいさんは目を閉じて、反応がなくなってしまいました。救急隊員に「どうですか？」と聞くと、眉をしかめ「この歳で転倒して耳から血が出たら、正直言ってもう無理です。とりあえず病院に搬送しますが……」とのこと。

当時の私は死体を扱ったことはあっても、自分自身が死ぬ気はしませんでした。25歳ぐらいまでは、頭を撃ち抜かれたとしても全く死ぬ気がしなかったのです。まさに「負ける気がしねえぜ！」って感じでした。今は私も50歳を超えましたので（まだ自慢できるほどではありませんが）ある程度の経験を積んでいるため、頭撃たれて頭蓋骨がバラけたら死ぬことくらいはわかります。

それでも、さっきまで普通に生きていたあのおじいさんは、その日、この世で会話を交わすのは私が最後になるなんて知らなかっただろうな……と今でも思い出すのです。

警察官は様々な事件を取り扱いますし、私の場合それ以降も中国人犯罪に絡む様々な事件を扱いましたが、目の前で人が死んでしまうという体験は普通、警察官でもまず出くわすことはないでしょう。そんなことを考えるたびに、私は次の句を何度も思い出すのです。それは、先輩刑事が机のクリアシートの下に挟めていた句でした。

「今日限り　今日を限りの命ぞと　想いて今日の務めをばせよ」

私達も、もれなくたどり着いてしまう、その避けることのできない死の先には、どんな世界が広がっているのでしょうか？

死ぬ痛み

死ぬまでの恐怖についての証言はいくつかあるようですが、私達が恐れる「死に至る痛み」については、あまり聞いたことがありません。実は痛みが死に直結するある一定のレベルに達すると、脳はその痛みを遮断してしまうようなのですが、それを証明するような恐ろしい事件がロシアで発生していたのです。

２０１１年８月13日の日中、森林でヒグマが父と娘を襲い、ヒグマに殴られた父は即死、その娘がヒグマの親子に食われて死亡するという事件が発生。しかもその状況を携帯電話で母親に伝えていたのです。襲われた当初は「助けてママ！　熊が私を食べようとしてるの！」と言っていたそうで、最初冗談かと思った母親は、受話器から聞こえる、聞いたこともない娘の怯えた様子と熊の唸りに驚き、一緒にいたはずの夫（娘の継父）に電話をかけ直したのですが、同行していた継父はすでに襲われていて絶命。その後また電話があり「ママ、後ろに熊がいる。子熊を3頭連れてきて……私を食べてる！　痛い……痛い………」と連絡の後、通話は途絶えたのだそうですが、最初の電話から約1時間後また娘から電話があり、

「ママ、もう痛みも感じない………今までごめんなさい、愛してるわ…………」

という最期の言葉を残したのだそうです。

壮絶な最期の実話ですので皆さんショックが大きかったかもしれませんが、まだ意識もあり話ができる状況でも、死に際して痛みがある程度のレベルを超えると感じられなくなるということが、この事件からもわかります。それがせめてもの救いです。

痛みの遮断か、意識は別の場所か？

もう一つ、死の淵にいて壮絶に苦しみながらも、この世に帰還したある出版社社長のお話をしましょう。この方は中学1年生の頃、難病に指定されているネフローゼ症候群を発症。子供に多く発症するのだそうですが、大人でも罹患するらしく、尿からタンパク質が出てしまうため血中タンパク質が低下し、倦怠感《けんたいかん》や皮膚の蒼白化、食欲不振等の症状が出る難病です。特効薬がないため、治療にはステロイド剤を使うのですが、この薬には抵抗力がなくなったり太りだしたりするなど副作用が多く、結果として死に至るケースも少なくないとの事。かと言って急に服用をやめるとホルモンショックを起こしてこれまた命に関わるのだそうで、この社長さんも大変だったそうです。

その社長さんの体験談ですが、それはもう体が痙攣《けいれん》して白目むきながら意識不明で

1週間ほど過ごす中、あまりの苦しさに病院のベッドの柵を踏ん張ったので足裏にその後がくっきりついていたほどだそうです。

ところが体はそれほど苦しんでいたのに、本人はかなり気持ちよかったそうで（社長さんにMっ気はありません）、痛かった記憶は全くないのだそうな。意識を取り戻した後も体温が38度台に下がるまでは気持ちがよくて、熱が下がってからのほうが不快に感じたそうです。体は苦しくても魂が半分抜け出していたのか、魂と体はやはり死の間際には離れているようです。

その間苦しんだ記憶がなくなったのではないかと聞くと、気持ちよかった記憶はあるが痛みや苦しみはなかったとのこと。意識不明の最中に体は苦しんでいても本人に苦しみがないどころか、気持ちよく感じているとは驚きです。

この社長さん曰く、飛び降り自殺や惨殺された死体などを見ればたしかに恐ろしい感じはするし、私達もついその身になって「ものすごい痛みがあったのだろう」と想像するけど、ある程度の痛みや苦しみを感じて魂が抜け始めると、体が勝手に苦しんでいるだけで本人は痛くもないのではないか？　とのこと。私もそれほど数多くはありませんが、警察官時代にはいくつかの原型が崩れたホトケ様とお会いしていますので、そう考えるとちょっと救われた気がします。

私自身の事件取り扱いのお話をしましょう。

警視庁中野警察署に卒配（警察学校を卒業後最初の配置）後私はその元気の良さからか優秀だったからか、中野駅南口にある中野駅前交番に立つことになったのですが（この交番は当時、警察学校から一番近いところにあることから、警察学校学生時代の担当教官がすぐに駆けつけられるよう、問題を起こしやすい卒配の警察官がここに配置されるとも聞いたことがあります）、「すぐそこのビルの階段が血の滝みたいになっている」という通勤途中の会社員からの届け出があり、直ちに臨場。

階段はまさに血の滝のようになっていて、各段のところどころにプルプルの血のゼリーみたいな物もありました。そのゼリー混じりの血の滝の最上段の階段踊り場に、40代ほどの男性が頭を下に垂れて仰向けに倒れていたのです。驚いたのは既に頭が陥没しているどころか割れていて、その頭蓋骨の奥の空間まで見えたことで、私は「あれ!?　脳みそ出たの？　さっきのゼリーは脳みそだったのか？」と思いつつ、とりあえずその死体の頭を持ち上げ踊り場にのせようとしたのです（今考えると、死体であればもう動かしちゃダメ）。

するとその死体が上半身を起こしたからこれまたビックリ。

「あ〜、あれ？　お巡りさん？　ここどこだろ？　へへへ。飲みすぎたな俺？」

私はすっかり彼は死んだと思っていたので驚いたのですが、生きてました。

「すみません、なんかすごく喉渇いちゃって。水ありますかね？　頭がいたいな……あれ？　何だろこの血……」

といい出したので、

「わかった、わかった！　絶対に、ぜっっったいに頭に触らないでくださいよ！」

と言って１１９番通報、彼は無事（？）そこからすぐ目の前の病院に搬送されました。後で先輩から聞いた話では、大量の血液が溜まった場所では一定時間が経過すると血液の凝固が始まり、ゼリーが出来るとのこと。交番勤務の警察官は取り扱った事件を引き継ぐまででしか知りませんので、「ありゃたぶん死んだな。それにしても頭蓋骨の中まで見えたのに起き上がるとは、人の体ってどうなっているんだろう？」などとたまに思い出していたのです。それから半年ほど経ったある日、なんとその人が手みやげを持って駅前交番に来たのです。これには2度ビックリ。

「あのときのお巡りさんですよね。いやあ良かった！　お会いできて！」

「え？　うわぁ！　生きてたんですか！　私も覚えてますよ……え？　幽霊じゃないですよね？」

という驚きの再会。本人曰く、その後3ヶ月ほど意識不明だったそうですが、治るどころか搬送まで生きていたのが奇跡的だと言われたそうな。そりゃそうだわな(笑)。で、全快して交番にお礼に来たとのことですが、出ちゃったと思われた脳みそも大丈夫だったようで「だからお巡りさんのことを覚えているんですよ」と笑ってました。本人曰く意識不明だった間は痛みも苦しみも全く記憶になくて、気がついたら病院に寝ていたのだそうです。

世の中には事故や戦争などで命を落とす人たちが、見るも無残なご遺体になってい
ることがありますが、ある程度の痛みを超えると本人はもう苦しんでいない模様。前
述の出版社の社長さんも「一度半分死んでみると気持ちよくて、なんか死ぬのが怖く
ないどころか、次死ぬのが楽しみなんだよね」と言っていました。そういうものなの
かどうかは、私自身死んでみないとわかりませんが、その結果を皆さんにお伝えする
ことはたぶんできないでしょう。

脳死で意識がなくなるのか？

脳が停止状態になり、死んだと思われた人が、実は病院の医師の反応や、最期の別
れに来た家族や知人の反応など、自分の身の回りに起きていたことをしっかり見てい
たという話があります。人間の脳は生きているあいだじゅう、ずっと脳の網膜の内側

をマイナス、外側をプラスに保って、この分極性から生体電気信号を発生させて神経に伝え、思考したり筋肉を動かしたりしているのだそうですが、脳は心肺が停止した後も平均30分ほどはまだ活動しているそうです。エネルギーをなるべく消費しないよう細胞に蓄えられているエネルギーで緊縮財政的な活動をしますが、エネルギーも尽きて脳波が途絶えた後に、一度だけ振幅の大きい脳波が発生するのだそうな。ここに至るまでに蘇生ができれば、脳も回復する可能性があるのだそうですが、この大きな振幅の脳波が来たあとは脳の網膜内外の分極が一斉になくなって、脳細胞が壊死していくのだそうです。この最後の脳波は「死の波（wave of death）」と呼ばれていて、これが蘇生可能かどうかの分かれ目になるのではないかとされ、研究が進められているそうです。

もちろん蘇生して臨死体験を語っている人は、脳がなんとかエネルギーの緊縮財政を行って脳細胞がまだ生きている状態だったのかもしれません。しかし脳に必要な酸素や栄養分となるブドウ糖はもう供給されておらず、脳は停止しています。もちろん脳死状態で臨死体験を経て蘇生した人たちはこの「死の波」を超える前に帰ってきたからこそ蘇生できたし、その体験を現世の我々に伝えることができたのでしょうが、そんな緊縮財政中の脳が、体外で起きている医師や看護師たちの会話や、本人が見たこともない手術用の医療器具を記憶していたり、さらにあの世の手前まで行った時の状況を覚えていられるでしょうか？

つまり、それは脳が停止した後も意識の活動があるということを示していて、生きている人間の意識自体が、脳ではない別の場所につながっている可能性があるわけです。頭の後ろにコードが繋がっているわけではありませんが、脳が停止してもそれは私達のどこかと繋がっていて、それがずっとあり続けるのかも知れません。映画「マトリックス」のように、実は現実であると考えていたこの世が、バーチャル体験世界である可能性だって否定できないのです。

そして体を維持する機能は失われ、体は魂が居続けるにはふさわしくない状態に変化し始めます。

その時点ではまだ魂はあの世に行っていないのかも。私はまだ死んだことがないので臨死体験はありませんが、そういう話も好きですので、臨死体験をした様々な人の本を読んだり、実際に2度心肺停止して生き返ってきた元自衛隊員の方とお話ししたこともあります。「もしこの世に生き返ることなく、そのままあっちに居続けたらどうなると思いましたか？」と聞いたところ「『みんな』の中に溶け込んで自分がなくなるのだと思う」とのこと。

一方、そんな彼らと話をして不思議に思ったことは、死後の世界を「見てきた」ことです。肉体機能が停止して、眼球が完全に機能停止していても、私達はそれを「見る」ことができるということですよ。

また、あの世では花畑が広がっていてなんとも言えないいい香りがしていたとか、小鳥の鳴き声や素敵な音楽が流れていた、或いは泉の水を飲んだらとても美味しかったなんて言う生還者もいて、これまた機能していないはずの聴覚・嗅覚・触覚・味覚までバッチリ覚醒しているのです。

脳死であっても、肉体が機能していなくても、それらを感じることができる。つまり死んだ後も私達は生前のように意識と感覚を持ちつづけ、永遠にあり続けるのではないかと私は思うのです。

持ち帰れないものと見え方の違い

前述の出版社の社長さんですが、意識が戻った直後、高熱が続きながらもなぜかしばらく気持ちよかった回復途中のある日、天井に極彩色の仏像のようなものが見えたそうな。あまりにきれいなので、そばにいる母親にそれを伝えても、そんなものは見えないと言われたので、その美しさを伝えるため、母親に紙とペンを取ってもらい、それを絵に描いたのだそうです。しかし完治してからその絵を見たらぐちゃぐちゃな絵で意味不明だったとのこと。本人曰く描いたときにはきちんと描けていたはずなのに、不思議だった、というお話をしていました。

私は臨死体験はありませんが、夢の中でこれに似た経験があります。私は夢をはっきりと覚えていることがあり、中には夢の中でものすごい発見をしたり、夢の中で出会った人から大切なことを言われたりもします。そこでそれが夢であることを自覚したら忘れないようにこの世に持ち帰り、記録しようと枕元には紙とペンを置いて寝ることにしました。

そんなある日、夢の中で、何かとても大切なことを電話で伝えられたのです。それが夢であることを自覚し、その全部を後で思い出せるよう、夢の中からそれを繰り返し口にしながら目を覚まし、暗闇の中で持ち帰った言葉をそのままメモに書き留め、またすぐに眠りに入ったようです（書いた時の記憶がほとんどありません）翌朝枕元にあったそのメモを見ると、ヨレヨレの文字で「しんばいからバッテリー」と書かれていました。もう全く意味不明。でもそれを手がかりに夢の中の記憶をたどると、わずかに覚えていたのは、瀋陽からの電話を受けたこと。記憶の何がネンザして「瀋陽」が「しんばい」に、「電話」が「バッテリー」になったのかわかりませんが、その電話の会話の内容なんてもう思い出せません。そもそも「しんばい」って何？（笑）でもそれは日本語です。「しんばい」は意味不明ながら、「バッテリー」は意味のない文字の羅列ではないし、単語として成り立っています。でもバッテリーに関する夢を見た記憶は全くありません。

あの世と夢のつながりは不明ながら、おそらく違う世界から何かをこの世界に持ってこようとすると、違うものに変換されてしまう。だから、死後の世界を見たという人たちの証言も、彼らの頭の中でその経験値から解釈された「それ」に見えただけであって、実際に「それ」がそこにあったわけではないのだと思います。

ちなみに出版社の社長さんは意識不明の1週間の間に三途の川を見ておらず、「エスカレーターに乗った」と言っていました。つまり三途の川にしてもエスカレーターにしても、各人がこの世で知り得た体験や知識の中から「今いる場所から次の場所に移る」という状況を感覚的に例えたもの。エスカレーターを知らない江戸時代の人間があの世に行くときにそう捉えることはないでしょうし、将来の死者はエスカレーターではなく何かもっと別の「明らかに今いる場所とは違う場所に行くイメージが伴う」ような未来の移動手段やアクションをもって、あの世の入り口を通過したことを認知するのだと思います。

この世にないものは見えていない、蘇生者の報告

あの世には、この世界の先にある三途の川が見えて、船には先に死んだはずの祖母が乗って迎えに来たかと思ったら「帰りなさい」と言われたり、トンネルをくぐってお花畑に出たらお祖父さんが来て「帰れ」と言われたり、門前払いを食らって蘇生したという人がたまにいます。

私が不思議に思うのは、そこにご先祖様が出てきたことではなく、なぜそこで見えた風景が「三途の川」「船」「お祖母さん」「トンネル」「お花畑」といった、この世にもある、同じようなものであったのか、です。

その説明はどれもこの世で見たものか、その組み合わせで構成されているようで、あり得ない不気味な組み合わせの報告はあるものの、「全く訳がわからないものを見たけど説明できない」と言う人はあまりいないようです。

死んだ後くぐっていかなくてはいけないトンネルには壁一面に目がついていてこっちを見ていた、とか、空から首が飛んできて噛み付いてくる、などといった気味の悪い話もあります。あの世ですから、この世にないものも多数あってもいいはずですが、その風景のほとんどがこの世で見たものの組み合わせばかりです。

そこを疑う私って、やっぱり元刑事の職業病が治っていない？

でもそれはおそらく、私達はこの世で得た様々な事象により知っているものしか認知できず、認知できたものしか記憶できないし、知っているものに例えてしかそれを伝えることができないからでしょう。

蘇生者の話を調べると、例えば首が3つあるだとか地を這うように歩くなどの、見た目に異常な不安を感じさせる風景や生きものも存在するようですが、生前知っていたものの組み合わせでしか語っていないことから、そのように理解するしか把握のしようがなかったのでしょう。

逆に同じこの世にありえないようなものであっても、例えば「光り輝く人」「羽の生えた天使」といった存在は不安を感じさせる風景には出てこないらしく、あっさりと受け入れることができるようです。それはそうした姿の存在が悪い存在ではないという生前からのイメージによるものでしょう。そしてその見える環境というのは、良くも悪くも様々な形でアクセスし繋がろうとする魂たちがもたらす霊的感触や影響を、現世で得た事物のイメージに基づいて理解し視覚化したものかもしれません。

良い人（魂）が現れれば、その人の周りには花畑や青空など、生前爽快感を覚えたような風景が、悪い霊が現れればあたりに黒いオーラが燃え立つように、場合によっては暗雲が垂れ込めるかのような風景として感じられることでしょう。

そもそもなぜ現世はあり、現世に生まれたのか？

「なんで私は生まれてきたのだろう？」若いうちにはそう悩む人は多いと思いますし、大人になっても考え続けている人だって少なくないでしょう。これは人類の永遠のテーマでもありますが、私は同じ年代の同期生が死にはじめたこの歳になって、一つの結論に至りました。

それは、あの世で感じる様々な喜びやプラスのイメージを、よりはっきりと掴み、楽しさを噛み締めたいから。

赤ちゃんは生まれたばかりの頃は、体も思うように操ることができず、目も開いていないため、まずは触感やにおいでお母さんとそうでないものの区別を認識します。うまくしゃべれないのでとりあえず泣いて要求を伝えるしかありません。泣くか笑うか寝るかという漠然とした毎日から、自分を取り巻く環境や事象の違いをより多く認識し、同時に表現方法を習得することでさらなる情報を得ます。そして自らが感じた楽しさや喜び、気持ちよさは、その磨き込んだ五感との関連付けにより、はっきりと区別し把握してこれを感覚で味わい楽しむことができるようになります。

そんな様子を見ていると、**あの世にたくさんありながら接しても理解できない楽しい、あるいは恐ろしい事象のイメージをよりはっきりと具体的に認識するため、なにかに例えてそれを把握しやすいようにするために私たちは生まれて来たのではないかと思うのです。**あの世にいてはぼんやりとしか感じられない「嬉しい」「楽しい」「おもしろい」「気持ちいい」という漠然とした感覚が、まるで「何に触れたときのように嬉しい」のか、「何をしたときのように気持ちいいのか」を具体的に生前のイメージで認知し自覚できるようにするため、私達はこの世に生まれて、新しい文明の利器の開発や、よりたくさんの自然とのふれあいを求めているのではないでしょうか？

そうした現世での数多のイメージ習得により、**あの世にあるいろいろなものを、生前その感触を得た五感のイメージを伴いながら、より正確かつ具体的に把握して、も**

っとたくさんのことを楽しみ、そして知ること。これが私達がこの世に生まれることを決意した一つの理由である、と私は考えています。

死後は体がないので本来なら五感の知覚はないはず。でも意識はあるので、体が死んでも周りの環境を五感のイメージに例えて認識し把握するのでしょう。加えて、この世で肉体に入っていた時に感じていながら、明確には把握できなかった、人から発せられる「気」のような感覚、例えば「愛」「重苦しい雰囲気」「殺気」などもはっきりと分かるはず。人間には、これら目に見えない人の思いを捉える目や鼻のような器官はついていないので、明確にこれを感じ取ることは難しいのですが、体を失いむき出しの魂のみとなるあの世では、他の魂と接する時に否応なくこれを感じ取ることになるでしょう。自分とはあまりにも異質な魂との接触では、感じ取ると言うより、直撃を食らうかのような衝撃もあるかもしれませんが、そうした感覚もこの世で得た五感のイメージで感じ取れると思うのです。

でも、この世で目が不自由だった人も心配はありません。生前は目が見える人より視覚を上回ってカバーするほどの聴覚や嗅覚など、その感覚によるセンスを磨いていたわけですから、もしかすると目が見える人以上にその対象を正確に把握できるかもしれません。

おそらくあの世にも、自分には向いていない魂の繋がり合い（精神的に危険な魂のアクセス）があり、そういう魂や集合体とのアクセスをより的確に把握し見分けるためにも、この世での五感を駆使した気持ち悪い、あるいは不快な体験は大切。様々な体験とそこから得た知覚やイメージのパターンが、あの世でも、肉体でそれを認知してきた経験や記憶により、それに近い感覚で認識されるのかもしれません。

聖書は一度死んだ男の実録

すべてを捨てて完全に死んだところから、別の存在になるというのはキリスト教のイエスの死と復活にも見られる「生まれ変わりの思想」です。その新約聖書には、マタイ・マルコ・ルカ・ヨハネの4人によるイエスの死と復活の記録が、それぞれの立場から各自の表現によって明らかにされています。

聖書をご存じない方のためにごく簡単にお話しすると、イエス・キリストは従来のユダヤ教とは違う新しい神の契約を携えて降臨した神の子。神様を絶対視するユダヤ教社会では、神の子を自称したことでラビ（指導者）たちの怒りを買うのですが、イエスは数々の奇跡を見せたり、障碍者《しょうがいしゃ》や罪人、社会で嫌われている職種の人たちにも分け隔てなく具体的でわかりやすい例えを用いて多数の信者を獲得しました。しかしこれが反社会的であるとして、支配者であるローマ総督、地元の王などがビビる中、当時の宗教界の策謀により逮捕され、十字架にかけられ処刑されたのです。死亡が確認された後は、布でぐるぐる巻きにされた上、洞穴に埋葬されて大きな石の扉で閉じられたはずでした。

…が、3日半を経たその日、

弟子たちはユダヤ人を恐れて、自分たちのいる家の戸に鍵をかけていた。そこ

へ、イエスが来て真ん中に立ち、「あなたがたに平和があるように」と言われた。（ヨハネによる福音書20章19節）

というサプライズにも程があるでしょ！　と言いたくなるようなカムバックを果たすのです。

あらすじはそんなところですが、イエスの処刑の状況をちょっと詳しくお伝えしましょう。

彼の死は確実でした。聖書によると、イエスは城の地下室で暴行され、鞭打ちの刑を受けた後、頭にトゲトゲのいばらの冠をグリグリと被せられた上に、重たい十字架を背負わされながら1・6km歩く途中3度転倒、投石と罵声を浴びて、普通ならこのあたりで死にそうですが、何度もムチでひっ叩かれて意識を回復、十字架は途中で彼に出くわした通行人が担ぐことになったものの、フラフラの状態でツバを吐きかけられながらゴルゴダの丘を登り切り到着すると、裸にされて十字架に手足を釘で打ち付けられ3時間半ほど放置され、「事は成就した！」と叫び大地震を伴なって絶命したのです。おまけに生死確認のため兵士が下から脇腹を槍でぶっ刺したところ、肺に溜まっていた水と血が出て死亡が確認されたという凄まじい最期を遂げていたはず……でした。それが生きて突然弟子たちの前に現れたのですが、その時いなかった弟子のトマスは、その話を聞いても「あの方の手に釘の跡を見、この指を釘跡に入れてみなければ、また、この手をそのわき腹に入れてみなければ、わたしは決して信じない」（同25節）などと不信心なことを言うものだから、イエスがまたどこからともなく部屋に登場。「あなたの指をここに当てて、わたしの手を見なさい。また、あなたの手を伸ばし、わたしのわき腹に入れなさい。信じない者ではなく、信じる者になりなさい」（同27節）と言われたトマスは、なんと神の子の脇腹の傷口に指突っ込んで確認、ドギモを抜いたらしいのです。

その体は実体でありながら、壁を無視して現れるなど空間条件に関係なく、傷口はそのままで、指を突っ込まれても「いてて！　何すんだこの野郎！」とか言うこともないどころか痛そうな顔もしなかった模様。当然死後の復活であるなら傷も治っているはずですが、復活した本人であることを伝えようと望んだためか、傷はそのままだったようです。

つまり死後は体の移動も状態も思いのままなのです。もっともそれは「神の子」だからこそできた奇跡なのかもしれませんが、イエスは彼だけでなく弟子たちに、信じるものには死後も永遠の命があることを伝えました。このため今や世界でこの死後の復活を信じるキリスト教徒はカトリックやプロテスタントなど各宗派合わせて19億人以上。

聖書の記述は作り話であるという人もいますが、私は事実だと思いますよ。というのも、イエスの磔刑《たっけい》の時はビビって逃げ出し、予め宣言されていたイエスの復活も信じず引きこもり落ち込んでいたヘタレな弟子たちが、復活したイエスに会い、天に帰るのをお見送りしたあとは、人が変わったように世界各地に布教の旅に出て大活躍し、壮絶な最後を遂げているからです。

ペトロは逆さ磔《はりつけ》で、フィリポは十字架上で集団投石を受け死亡、アンデレはX型の磔で処刑され、バルトロマイは生きたまま皮剥ぎの刑で死に、シモンは鋸挽きの刑に処され、イエスの従兄弟とも兄弟とも言われるヤコブは神殿の上から突き落とされた上に棍棒で殴られ死亡、もうひとりのヤコブは斬首刑、その弟のヨハネは島流しで唯一処刑されていませんが、指を突っ込んだトマスと、裏切り者のユダではないもうひとりのユダ・タダイは槍で刺殺され、マタイも刺殺され殉教（詳細は不明）。各自痛々しくも悲壮な殉教に際し、誰一人泣き言を言った記録はなく、死後「十二使徒」として崇敬されていることから、その復活を見たのは事実だったのだろう、と私は思うのです。彼らはイエスとの再会により、死後も存在し続けることを確信したのでしょう。

特定の宗教の神様を信じるかどうかはまた別として、**イエスが伝えたかったのは「死後も私達は存在し続ける」ということ。**

そして「伝えたい」「気づいてもらいたい」と思えば物質世界にも姿を見せることができるのでしょう。まあ神の子でもなんでもない私達一般人には死後もそれはできないかもしれませんし、下手に姿を見せれば除霊されたり、生前の思い出をぶち壊してしまったりするなど、変なことになる可能性もありますから注意が必要ですね。

自殺者は地獄に落ちるのか？

一般的には肉体が限界を迎えて死ぬと「天寿を全うした」と言われますが、肉体より先に心が限界を迎えてしまうこともあります。厚生労働省は令和2年（2020年）1月17日、国内の前年（2019年）の自殺者数が速報値ながら10年連続で減少し、1万9959人（前年比881人減）だったと発表しています。平成22年以降、11年連続の減少で、昭和53年から始めた自殺統計で過去最少となっていますが、これは明らかに自殺であると断定できる状況が確認された者のみ。実は変死者（事件性があるとは断定できない、でも遺書もなく自殺認定できない）が自殺者とほぼ同じ数だけ存在し、そのほとんどは自宅で発見されていて、その半分から3割ほどは自殺ではないかと言われていますが、これはもう死んだ本人の内心の情の話なのでわかりません。つまり自殺者は認定されている数の3～5割増かと思われます。

キリスト教では自殺者は地獄に行くと言われていますが、その点で私は異論を持っています。確かに聖書は人間の体を神にかたどって作られたものとし、その命を神によって与えられたものと捉えているため、これを自ら損ねるというのは殺人の一種であると考えているのですが、キリスト様が「自殺したら地獄に行く」と言った記録はありません。

自殺者にとって、それはおそらく彼がこの世に生きる限界であり、体力より先に気力が尽きてしまった終わり方ですから、私はキリスト教が自殺を大罪とするような責め方はしません。気力が尽きて死んだ人にも、体力が尽きて死んだ人にも、私は「本当にお疲れさまでした。あとはゆっくりして下さい」と祈るばかりです。そこに至るまで悩み苦しみ自らを磨き上げた魂であるならば、あの世ではその苦しみを理解してくれる他の魂たちがすぐに迎えに来てくれると思いますし、そうした温かいつながりに囲まれて、あの世では幸せであってほしい。寂しさを知るのは、幸せを知ったから。苦労を知るのは、楽を体験したから。その幸せや楽しいひと時、或いは苦しいときに何を得て学んだのかが大切だと思うのです。

でもこの時代、せっかく日本に生まれたというのに、下手に死んだりしたら、次に日本に転生し直そうとしても、何年かかるかわかりませんよ。地球に限らず、この宇宙の果てまでも含めた物質世界は、あの世で楽しみ、幸せを作り出し、或いは神の領域に近づくためのイメージをつなぐ場所。そして死後の魂の世界においても、日本という国は、和の思想により多くのつながりを生み出し、強化し、喜びや楽しみを知り、魂を昇華するための大切な空間なのです。そういう点から見て、15歳から39歳までの死因の第1位が自殺であるというのは悲しい話に間違いありません。

死とその先を象徴するもの

私は「虫の知らせ」が割と気になります。虫だけでなく「動物の知らせ」とかも気になることがありますよ。ネコが私を引き止めるときには、多少急いでいてもちょっと遊んでやってから外出しますし、それで時間的に切羽詰まらないよう早めの行動を普段から心がけているのですが、引き止められているその時にあえて振り切って外出したら、何かよくないことが発生したり出くわしたのかもしれない、なんて考えることがあります。

だから動物や虫たちも、場合によっては植物さえも、人間に何かを教えようとしているのかもしれないと思うし、小さな虫や動物たち、植物の存在やあり方も、なにか大きな事柄を象徴しているような気がするのです。

例えば「死」は芋虫が蝶になるようなものかもしれません。人間も芋虫もセミの幼虫も、小さくか弱く、大人より柔らかくみずみずしい色で生まれ、たくさんの栄養を取りながら、成虫や大人になるまでは誰かに守られながら、仲間からはぐれたり不用意に目立たぬように身を守りつつ成長します。人間の場合、活発に餌と異性を求めて動き回って、子供を作ると死期が近づき、皮膚は蛹《さなぎ》のように茶色っぽく乾燥し、体は固くなり、そのくせ高みを目指しながら大木に登ったつもりで枝に自分を縛り付け、或いはしがみついて、完全に動かなくなるのです。それはまるで死んだかのように見えますが、蛹はここから背中を割って脱皮し、全く違う形の虫に生まれ変わり、空を自由に飛び回るようになるのです。

芋虫が自分の将来である蛹を見たら、それは「老」であり、その抜け殻を見たら「死」を連想することでしょう。そしてそのそばで蝶が飛んでいたとしても、あまりの形の違いに、それが死体のような蛹から出た将来の自分の姿であるなど思いもよらないし、そもそもそれを知らなければ視野に入っても認識せず、それが何なのかすら考えないと思うのです。

人間も同じかもしれません。人間の老人って、まだ成虫=成人じゃないのかも。私達もいずれこの体を脱ぎ捨ててひょろっと出るのですが、その時その抜け殻に涙する子や孫たちは、あなた自身がそのすぐ近くにいることを認識することができません。

つまり、人の老化は終わりに近づいているのではなく、「蛹」になるためのステップであり、その先にあるのは死ではなく、違う世界に飛び立つための「羽化」であることを、虫たちは私達に暗示しているような気がするのです。この世に意味のない存在はありません。そこらへんを飛んでいるハエも、もしかしたらムカデやゴキブリも、そんな何かを暗示するために我が家に出てきてくれた大切な生き物なのかもしれないと私は思いますので、いつも必ず「ありがとう。でもごめん。現世ではお前たちとは一緒の部屋に生きてはいけないんだよ」と伝えてから、「次の世界」に送ってあげるのでした。

第二章
死んで楽しもう

死の直後

私達が「老人」という蛹の状態となった体から抜け出した後、蝶のようになるとすれば、その後はどこに行くのでしょうか？　その時の体はどんな感じなのでしょうか？

そりゃたぶん、蝶より自由に飛び回れると思いますよ。この肉体から抜け出すのは重さのない魂ですし、形がないから蝶みたいに風に流され意図しない方向に吹き飛ばされることもありません。形ある身体の制約から解放されれば、80歳で死のうが120歳だろうが、抜け出た姿はもう老人みたいな姿である必要すらないのです。死の直後にそんな軽やかな体を自覚したら、足腰が痛くて肩が凝る生前の老人の体になんか戻りたくないでしょ？　だからこそ私の祖母も戻ってこなかったのだと思いますよ。それはまるで、茶色くなってガビガビに乾燥した蛹から出てくるセミが真っ白い赤ちゃんみたいであるように、似ているけど違う存在になっていると思われます。

では、人の場合この体から出たらどんな形になっているのでしょうか？　赤ちゃん？　子供？　青年の姿？

既に死亡したときの体ではないので、魂が死亡時のお年寄りのような姿であるわけでもないし、事故などで死んだとしても魂がひしゃげて変形した状態であるわけでもありません。視覚的に言うならその時の本人が自覚している年齢の姿になっていると思います。それはまさに、あなたの心そのものの姿。死後に人の形、特にそれを見る人がわかる「老人」「子供」といった姿は、その魂がそうした姿を見せることに何らかの意味を込めているからこそ、そうした形を取っているわけで、その必要がない、つまり形を取る必要も見せる必要もない時には、私達には普通は見えないものなのです。

私は今52歳ですが、「52歳」という経年数値はあくまで「現世に生まれて太陽を何周したか」という目安であって、見た目の老け方には大きく個人差がありますし、実は私自身52歳らしい自覚はありません。私より年上の方々もそうなのかもしれませんが、自身の感覚をわかりやすく言うと「体が古くなっただけの子供」「体力がちょっと落ちて肩が凝った大学生」って感じです。女性の場合、男性社会に振り回され、悪ガキがデカくなったような男に惚れたり振ったり振られたりしながら、王子様に見えた旦那が人型アザラシに変身する時期に出産したりするし、その上、子育てに関わる時間が男性より多かったりもするので、男性よりも精神的に成長するかもしれません。男は「女は出産すると変わる」と感じるほど成長しますから、女性は社会が評価する年齢のイメージと本人の自覚は、男のそれとはまたちょっと違うかもしれませんね。

体の性別と自覚が違うという「性同一性障害」の問題がよく取り沙汰されていますが、中高年も実は男女問わずその多くが「年齢同一性障害」じゃないかな、なんて思うのです。私の場合、32歳くらいで精神的成長が止まっているような気がするので、平均寿命の84歳になった頃には50歳くらいの自覚は持てるかもしれません。

さて、死んだ後の話ですが、物質としての制約はないので、おそらく自分が無意識のうちにイメージするその年齢の自分になっているものと思われます。つまり死んだ時の自覚年齢で、かつイメージできる姿や、無意識下に自覚している自分になっていると思うのです。美しくありたいと意識し続けた人は美しくなりますし、肉体的・物質的制約のない望み通りの世界ですから、もうダイエットの必要はないのです。

また、あの世で出会う誰かは、あなたの知っているその人のイメージが形になって見えているものであると考えられます。例えば私が生まれた時にすでに祖父はどちらもあの世にいますので、私は祖父に会ったことはありませんが、家には写真がありますので、祖父の魂が私にアクセスしてきた場合、私はすぐに分かると思うのです。その祖父の写真は今の私よりも若いのですが、その若い頃の写真を見ても私より目上の存在であることを感じます。だから祖父にあの世で会ったとしても、私から見ればかなりの年上に見えますし、逆に30代で戦死した祖父が私を見たら悪ガキな孫に見える（感じられる）かもしれません。でもこれを同じくあの世にいる私の友人が見たら、私も祖父も同じ若者に見えるのかもしれません。

死後の感覚

みなさんは親戚知人などの葬儀に出て、住職さんから「死者は仏になる前に、魂が体から出た後49日ほどこの世をさまよう」とか聞いたことはありませんか？

肉体という入れ物であるこの体からこの世のこの空間に出てしまうと、どうなるのでしょうか？

物質世界で私達が肉体を通して五感で認知できる事象には限界があります。光は可視光線までしか見えず、音は超音波を聞き取れないし、嗅覚にも限度があり、味覚と触覚はそれに触れるまでは機能しません。なぜかと言うと、私達はこの物質的・肉体的制限のある体でしか物事を感知できないからです。ところが死んだらこの体から魂がむき出しで出ちゃうんですよ。そうするとどうなると思いますか？

まえがきに書いたとおり、視覚について言えば、頭蓋骨に収まった眼球ではなく魂そのものでものを見るため、三次元の縦横高さ360度の風景が、不可視光線含めて、生前の視力に関わらずはっきりと見えると思います。

でも、全方位が見えているというのはどういうことか？　めまいを起こすのではないかと思う方もいるかと思いますが、そんなことはないはず。例えて言うなら、右目だけで見ているときと両目で見ている時の違いのようなものではないでしょうか。右目だけで風景を見ても、左半分を暗く、或いは黒く感じていないのと同じで、私達は見えるものだけに意識を集中しているので、全方位が見えてもめまいは起こさないはず。まあでも死んで突然全方位が見えたら、そりゃあまりの開放感にびっくりすると思いますけどね（笑）。

まず視界は開けて、周りがよく見えるでしょう。さらに、光線のすべてが見える（感知できる）となれば、体から抜け出した直後に見える周りの風景もかなり違った彩りの、よりはっきりとしたものになるでしょう。もう近眼もかすみ目も関係ないのです。

触覚・味覚についても腕や舌の伸びる範囲の制限がないので、それを触りたい、味を知りたいと思ったときにすぐにその感触を知り味わうことができるかもしれません。聴覚も耳を介さず意識を興味ある対象に集中しさえすれば、その距離も関係なく聞こえるでしょうし、肉体に収まっていた頃には耳に聞こえないはずの超音波なども、意識すれば聞き取れるかもしれません。嗅覚もその対象を知りたいと望めば、すぐにも香ってくるでしょう。

一番感じるのは「気」か

死後ダイレクトに感知できるのは音や光だけではありません。

生前「オーラ」として認識していたその人の「気」を直に受け止めることになるのではないか、と私は思うのです。

武士がまだ命がけで戦っていた頃、彼らは「殺気」を感じることがあったようです。実際にそれを感じたからこそ、これを示す「殺気」という言葉が存在するわけで、これを感じ取れるかどうかが生死を分けたこともあったでしょう。しかしこの「殺気」は超音波でも不可視光線でもなく、人間が無意識に出す「気」の一種であると思われます。

「殺気」だけでなく、相手が好意を寄せてくれるときなどにも、なんかいい「気」を感じて、話してみると「気」が合ったりしたことはないですか？　私にはいろいろな煩悩もあるので、相手が女性の場合それが致命的な勘違いだったりすることはありますが（笑）、おそらく「気」も普通に発信されるものながら、体の各器官による認知ではない別の認知の仕方で存在を感じ取っているのかも。なぜこの「気」を、どんな感覚器官にもよらず感じ取れるのかと考えると、それはおそらく私達自身の核となるなにかが「気」の一種だからかもしれません。ひとりでいると落ち込みやすいのに一緒にいるだけで楽しくなる人や、普段自分でも気づかないあなたのいい部分を引き出してくれる人っているでしょ？　それは実はその人自身の気そのものではなく、あなたとその人の気が触れ合う化学反応によってできる「雰囲気」なんですよ。いい男といい女が付き合ったからっていい雰囲気になるとは限らない。この化学反応は混ぜてみないと分からなくて、二人の気からは予想できない色に変色したり、場合によっては発火したり、または無毒化したりもするし、これには遅効性があります。その最たるものが結婚であり、子供が生まれると子供の気が加わるので二人の関係も変化して、この変化に対応できなくなると離婚してしまうのです。

私の前職は警察官でしたから、そこで接する人の中には、恨みつらみを抱えて犯罪に至った人間や、その犯罪で被害を受け、或いは家族を殺された人もいました。これらの人たちがその相手に対してだけでなく、その場に残す「気」を感じることもありましたし、不思議な体験や結果に結びついたりしたことが何度かありました。人間は常に「気」を発し、場所や思い出の品にそれを残して歩いているような気がします。

三世帯連続自殺！　の屋敷で感じた「気」

そんな「気」がこびりついている家に泊まったことがあります。いわゆる事故物件です。

私が機動隊員になったばかりの頃、中国大使館がある麻布近辺にもまだ普通の民家があり、空き地もありました。いまから20年以上前の話ですが、今の麻布から考えると機動隊のバスが数台止まれる地面むき出しの空き地など、ちょっと想像できないかもしれません。当時はその中国大使館の西のほうに機動隊の車両が止められる空き地があり、その奥は崖になっていたのですが、その崖っぷちに1軒の民家がありました。

どうもヨーロッパの一軒家をイメージしたような、ケーキのクリームを塗りつけたような白い壁に赤い屋根の小洒落た家なのですが、そんな一等地に空き家が発生して機動隊の待機室として供されるようになったのには訳があるのです。実はこの家にはそれまで三世帯の家族が引っ越してきたそうなのですが、その三家族とも心中したり自殺者を出したりして、完全な事故物件になっていたのだそうです。

当時、機動隊の中隊は40名弱で、中国大使館に街宣を仕掛けたり突っ込もうとする右翼車両を阻止するために警備についていたのですが、夕方はその空き地に機動隊の車両を止めて、中隊員は3交代でその「お屋敷」のような家に泊まり休息を取ることになっていました。ところが分隊長は屋敷に入ることを嫌がり「俺は車で寝るからお前たちはあの家で寝ていい。俺に構うな」と言うのです。私はその頃22歳くらいの新隊員でしたのでわがままも言わず、他の先輩隊員とともにその屋敷に入ったのですが、この建物は崖の斜面に建てられていますので、入り口が2階で、その下に西側が崖の斜面の表に出ている1階があるという特殊な構造。隊員はその2階に仮眠し、休憩・交代して夜の配置につくのでした。

この家の最初のオーナーは外国人だったのでしょう。窓の取り付けが日本の家屋と違いかなり高い位置にあり、その風呂場も広く洋風で、真っ赤なタイルを敷き詰めた上に、映画で見るような4本脚付きのバスタブがありました。天井もかなり高かったのを覚えています。

ところがこの家の雰囲気はもう明らかに変。特に赤いタイルの洗面所は異様な圧迫感があり、そこにかけてある鏡に何かが映っているような気がしてとても気になるのです。それでも若さはバカさにつながるのか、他の先輩隊員たちが休憩している間、A先輩と地下（1階）を見てこようということになりました。

他の先輩たちに気づかれないようそっと部屋を出て地下に降り、懐中電灯で広いシャワールームがある部屋へ。上階だけでなく地下にもシャワールームがあるなんてやはりお屋敷なんだな、と思い、A先輩は直進、私は右側に複数あったシャワールームの1つを照らして中を見てみました。その隣にも同じような空間があったと思いますが、それがトイレなのか、複数のシャワールームが並んでいたのかはわかりません。その懐中電灯に照らし出された空間には全くなにもないのですが、私は猛烈な気持ち悪さを感じたのです。

それはうまく例えられませんが、なにか腐敗した臓物が壁一面にくっついているかのような猛烈な違和感でした。臓物が見えたわけではないのですが、まるでそれが見えているかのように嫌な気分になり、自分でも「これ、俺が今見ているのはただのタイルの壁だよな？」と確認するほど、気持ちの悪い空間だったのです。その時私の背中側にいた先輩が「お……おおおお！　ヤべえぞ、ヤべえぞ坂東！　ここ出るぞ！」と言うので、後ろを見ると、洗面台の上に香炉があり、その壁面には御札が貼ってありました。

洗面所に仏壇があるわけはありません。この部屋の、おそらく私が入って照らしたこのシャワールームで自殺が発生していたのでしょう。もちろん上の階で休憩している先輩隊員たちにこんな話をしたら面倒なことになるので、その後は黙って横になりました。ちなみに、先輩方が1箇所だけ空間を開けて寝ているので不思議に思ったところ、どうもそこに寝ると必ず金縛りになるから気をつけろという引き継ぎがあるそうで、そこには布団を敷かないのだそうです。

ちなみにこのお屋敷、それから半年後に機動隊のバスでその空き地の前を通過したときには、新しく入居した奥様らしき女性がベランダで布団を干していました。「おい、人が入ってるぞ！　あそこに引っ越してきたのかよ!?　大丈夫かな……」と先輩たちと心配したのは言うまでもありませんが、事故物件は新しい借り主が一度入って出ていくまで何事もなければ、不動産屋もそれを事故物件と伝えなくても問題はないのだそうです。機動隊に貸し出しても問題がなかったということで、三世帯に連続した呪いは断ち切れているなら、それでいいのですが……。

「気」なのか「幽霊」なのか

私は幽霊そのものを見ることはあまりありません。「あまり」ですよ。(人の形をしたのは2度ほど見たことがありますが、それには気配があるしそれで気がつくのですが、本当に生きている感じがしないのです。わかりやすく言うと、「気配がある白黒に見える人形」みたいな、そんな表現が一番近いかも。）麻布の三世帯が自殺したお屋敷もそうですが、人の形ではなく、その場の雰囲気が異常なのは、もしかするとそこに残された過去の人の「想い」「気持ち」ではないかとも思うのです。

そしてそれは動いているような「気配」ではなく、「雰囲気」のようなものなのです。

見えない事象の話なので、なんと表現したらいいのかわかりませんが、それを複数の人が同一の場で感じているということから、その雰囲気はやはり実在するものなのでしょう。

麻布のお屋敷と同じようにヤバさを感じたのは池袋駅の東側にある東池袋交番、通称「マンモス交番」です。交番がデカくても取り扱い件数の少ないその2階建ての、普通より大きな交番は、普段は1階の事務室と待機室しか使わず、2階は使いません。

私は池袋署でも勤務し、この交番の1階で勤務したことがありましたが、池袋署員になる前の機動隊時代、やはりその大きな交番の2階を、機動隊の待機場所として使ったことがありました。

　待機中に先輩方がのんびりしている間、私は太陽の光がほのかに差し込んでいた南側の部屋に入ったのですが、なぜふらりと入ったか、特段の理由はなかったのですが、なぜか暖かくも重たい感じがして不思議だったからです。その部屋には鉄の二段ベッドがいくつか置かれているだけの、使われていない部屋でしたが、なにかが異様でした。うまく言えませんが、麻布のお屋敷のような強烈な恐怖はないものの、差し込む陽の光がとても柔かでやさしく感じられたのにこれ以上奥に進んではいけないめまいのような何かを強く感じ部屋から出たのです。すると待機室にいた先輩方が目を丸くして私を見ながら「お、お前！　そこ、入っちゃったのかよ？」「坂東、大丈夫か？」「あの中に何があった？」などと聞くのです。どうもあの部屋は入ってはいけない空間だったらしく、入ってめまいを起こしたり金縛りに合う警察官が多くて休憩には使えず倉庫にしていたとのこと。そういうことは先に言えよな（笑）。

　先輩たちの話では、戦後「戦犯」とされた軍人たちを収容していた「巣鴨プリズン」が近くにあったことから、その影響ではないか、というのですが、詳細は不明。

この他にも「出る」と言われる交番はいくつかあります。まあ警察の施設ですから、事件に絡む取り扱いも多いし、当然事件と関連して恨みつらみが渦巻く被害者やホトケ様を扱ったりしていますので、そうした人の「想い」が染み付いていてもおかしくはありません。不思議なのは予備知識のない私が感じた、目に見えず匂いもないはずの異様な雰囲気を、他の隊員も同じく感じていて、具体的に警戒していること。

五感をフル動員して状況証拠を固める警察組織の警察官も、そうした目に見えない作用の実在を共通認識し、その活用に影響を及ぼしている。つまり目に見えなくても存在するなにかがあるということの証明です。もちろん見えないどころか五感にさえ感知できないのですが、それはおそらく幽霊とかではなく、その本人が死んでも、その匂いのようにそこにこびりつき、生きている人に雰囲「気」を伝えるのではないかと私は思うのです。

だから、私達自身が生きているときに着ていた衣服に匂いが残るように、死んで体を脱ぎ捨てた場合でも、その「気」つまりその場所に関連する「想い」はこびりつく。生きている人の発して歩く「気」はより明確であるはずで、死後はよりはっきりと生きている人の気を感知できるようになるような気がするのです。

オーラの色

皆さんは気になる異性に「私のオーラってどんな色に見えますか？」とか聞いたり聞かれたりしたことはありませんか？　なぜか女性はそれがとても気になるようですが、自分のオーラの色というより、それは相手がどんなイメージで自分を見てくれているのかが気になるからだと思います。もちろん普通肉眼ではオーラ、つまり生命の色合いなんて（ごく一部の霊能者以外は）見えるはずがありません。でも、複数の人に自分の色を聞いてみると、何故か共通しているのも不思議。目に見えていないのに、違う人からも同じような色合いで言われることはありませんか？　違う色で言われてもせいぜい2色程度でまで、聞く人ごとに毎回違う色を言われる人はあまりいないはず。

でも目に見えるはずはないのに、なぜ共通しているのでしょうか？　そもそもなぜそれが「見える」のでしょうか？

人間の五感のうち最も脳が頼りにしているのは「視覚」です。プロの料理人でも調理場の明かりを変えただけで味覚が狂うらしく、作るときに最適な明かりの色と、食べるときに美味しく感じる明かりの色は違うらしいのです。それくらい人間は事象の把握を視覚に頼っているので、「オーラ」という漠然として知覚し得ないものについても、「色」という視覚で例えて、伝えようとするのかもしれません。逆に言うとオーラなんて見えない人でも、それが「視覚的イメージを伴うものである」という共通認識が半ば常識になっているのもすごい。つまり見たことがないものであっても、視覚的感覚で「見えている」かのようにイメージするわけですが、これこそが肉体を失ってあの世に行った時の感覚ではないかと思うのです。

おそらくあの世でも、相手はまずあなたの魂を視覚で捉えたかのような感覚であなたを把握するでしょう。

そして、そのオーラのように見えるあなたの本質こそが、その魂の本質。それはどんなに取り繕って若い体をイメージして他の人（他の魂）に見てもらおうとしても、はっきりと見える・見せてしまう「その魂の本質」です。それは例えるならメロディのようなもので、悲壮な曲からは悲しみを、楽しい曲からは気分の高揚を感じるように、人種や言語を超えて誰にでも感じさせる放射性を備え、隠すことも取り繕うこともできない、体という物体から解放されたむき出しのあなたの「存在そのもの」。

あ、ちなみに現世にいる間は、女性から「私のオーラの色」を聞かれても、その色を感じたままに答えてはいけない場合があります。「落ち着いたこげ茶色」とかダメです。「深みのある沼の色」もアウト。黒い色彩が入った微妙な例えで回答すると確実に会話が終わりますので、沼はやめて湖にするなど、できるだけフレッシュでクリアなイメージのものに例えましょう。また「オーラは見えるもの」という常識に反し視覚以外の例えを使うと微妙な結果になると思います。「う～ん、君のオーラは、俺の好きなラーメンの香りだよぅ♡」とか「パイプオルガンみたいな荘厳な感じです」などと嗅覚や聴覚で答える人は、前世は視覚に重きを置く人間ではない、動物や昆虫だった可能性がある変人です。

記憶はどうなる？

日本人の場合、多くは来世の自分があることを信じています。その「来世」ってのがどこなのか分かりませんが、多くの人がまた生まれ変わるか、天国や地獄にいる自分をなんとなくイメージできるはず。ところが私が通訳捜査官時代に取り調べをした中国人たちは、そうではありませんでした。

刑事は取り調べの合間にいろいろな雑談もします。取り調べは普通、午前9時半前後から12時まで、さらに午後1時から6時まで行い、それでも時間が足りなければ夕飯の休憩を1時間ほど挟んでまた11時頃まで続けることもあります。当然ながらその間中ずっと事務机に乗っているスタンド灯を突きつけて「はけ〜っ！」「証拠は上がってるんだぞ！」とか「カツ丼でも食え。田舎のお母さんは元気か？」なんて言う刑事ドラマみたいなことをしているわけではありません。

話は脱線しますが、あれはあくまでテレビの世界で確立された取り調べのパターンであって、あのようにしないと視聴者がそれを取り調べだと認識してくれないからそうなっているのです。実際の取り調べではまず机の上に電気スタンドなんか置きません。あんなの置いていたら、被疑者（犯人）があれを手にして暴れだしたりした場合ものすごく危ないでしょ？　取り調べ時の机の上には取り調べに最低限必要な物以外を置かないのが原則です。

またカツ丼についても、取調室で食わせることはありません。自署で留置している被疑者は、昼に一旦留置場に戻して1時間の休憩を与え、その間に留置場内で仕出しの弁当を食べることになっていますが、お金に余裕がある場合は留置場に出入りしている別の業者の好みの弁当を自費で注文することができます。逮捕した警察署ではなく他署に留置している被疑者を自署に移送して取り調べる場合でも、留置場から出る弁当をその署の留置場で食べているわけで、そこにカツ丼のメニューはないのです。取調室で食べることができるのは、(今はどうかわかりませんが、当時は)例えば家族から差し入れのあった弁当や、刑事が自分が食べたくて買ってくるおやつ程度のものくらいですよ。

さて話を中国人被疑者の取り調べに戻しますが、取調べが長期にわたればお互いに気心が知れてきて、雑談になることもあります。特に通訳捜査官の場合、調べ室内で刑事が調書をまとめている間にも自主的に補足すべき部分を聞き出したりもしますし、そこから脱線して雑談になることもよくあるのです。

そんな中、傷害罪など命にかかわる罪で逮捕された人間も多かったこともあり、また中には逮捕時の健康診断で自覚症状のない脳腫瘍がかなり進んで末期的になっていたりエイズ感染していたり、すでにどこかの病院で余命宣告されている被疑者もいたりして、死についての中国人の見解を聞くことが何度かありました。彼らは一様に「死ぬことは怖い」と言います。日本人の場合、死ぬことを恐れているというより、死ぬ瞬間の痛みや死に至るまでの苦しみや思いに対する不安はあっても、死んだ後の恐怖というのはあまりありません。が、中国人たちは、死ぬ瞬間のこともさることながら、死んだ後がとても怖いのだそうです。

「だって、死んだら何もなくなるんだよ。俺は今ここにいて、いろいろなことを覚えているけど、それもなくなるんだ。何もない世界だなんて、耐えられないよ」

とのこと。自分自身がなくなってしまったら何もない世界にいること自体を認識することができないのだから怖くないだろ？　と思うのですが、中国人の多くは死ぬ瞬間だけでなく死後の世界にも漠然とした恐怖を抱いているのです。

これには中国人の宗教観と現代中国の教育が影響しているのかもしれません。横浜中華街の関帝廟に行くと分かりますが、中国のお参りはまず廟の売店で黄色い御札のようなものを購入し、これを香炉で燃やします。黄色い御札はあの世で使える紙幣だそうで、これを燃やして煙にして天国に届けることで、死者はあの世でもお金に困ることなく楽しく暮らすことができるのだそうです。が、逆に言うと、あの世でもこの世からの送金がないと貧乏になるらしいので、中国人は死んでもお金の束縛から解放されることがないのかもしれません。本来ならこうした、日本人より現実的で現世的なあの世をより具体的に想像することができるはずなのですが、死んで何もない世界に飛んでいってしまうことを恐れる中国人が多いのは、共産党が本格的な宗教を禁じていて、死を深く考える機会を奪われているからではないか？　と思うのです。神道のように特定の神を持たず天国や地獄もない法輪功は中国伝統の気功法を取り入れて健康的ですし、中国人にオススメだと思いますよ。私は信者ではありませんが、宇宙とつながり浄化しようという思想はＰＭ２・５も抑制できそうですし、弾圧するよりむしろ中国の国教にした方がいいと思います。

生きている人の心で思い知る天国と地獄

肉体を出たむき出しの魂が、肉体の制約を受けず移動でき、出会う対象のありのままの姿を感じることができるなら、当然誰もが知りたいと思うのは、自分を取り囲んでいた親族や友人知人の「魂の本質」と「自分への思い」ではないでしょうか？

「人間」というのは本来は個人そのものではなく「人」の「間」にある自分であり、社会そのもの。私達は生前は社会の一角となる孤高を目指したとしても、社会の外れでの孤立を望みませんし、それはおそらく死後も同じであると思うのです。当然自分がどう思われる存在であったのかなど社会の中の自分を、改めて確かめたくなると思います。…というか、思い知ることになります。

当然、生前に徳を積むような、多くの人に感謝されて死んだ魂ならば、たくさんの人々の真心が胸にしみるようにありがたく、嬉しく感じられるでしょう。そして生前は見えなかった自分を取り巻く人々の、自分に対する想いこそが、今、魂のみの存在となった自分の財産そのものであることに気づくはず。それこそが食料を必要としない魂にとっては、元気の源であり栄養素だからです。心のこもった自分の葬式を見ることができた段階で、そりゃもう天国の階段を上る前から気分は天国。たとえ人知れず死んだとしても、またお葬式がなかったとしても、現世で別れを告げたい気になる人のもとに行けば、その人の心根や自分に対する思いなどは五感をフルに使ったよりもしっかりと分かるはず。

そう、思う相手が葬式があったことさえ知らず別れを悲しんでいなくても、葬式なんかなくても、肉体を脱したことで、自分と接していたその人の魂の本質と自分への思いを知ることができるのですから、葬式しないと成仏できないなんてことはないと私は思うのです。

しかし、死後も真心を捧げて冥福をお祈りしたいという気持ちを形に表し、時間（＝その人の寿命）を費やして稼いだお金を香典に包み「お別れを申し上げたい」という気持ちが伝わるという点において、お葬式は大切です。この世に何らかのやり残しを感じて魂だけになった死者本人も、また葬儀への参列者も、明確に心のけじめを付けることができるという意味ではとても大切だと思います。

そしてその真心は偽ることができません。汚い真心、つまり下心も見えてしまうのです。例えば、遺族が大金をブチ込んで、死んだあなたのために壮大なお葬式をしたとしても、そこが下心のルツボだったらあなたはどう思いますか？

誰も自分の存在そのものとの別れを心底悲しむ者がいなくて、涙の理由は将来に向けた経済的不安だったり、遺産相続会議を前にした演技であったり、参列そのものがただの義理ごとであったりしたことを知ったなら、ものすごいショックでしょう。それは人生において、まだ数値化できる程度の金額の借金を背負ったショックを超えていると思います。

「やっと死んでくれたぜ。あ～ホッとしたよ、肩の荷が下りたぜオヤジィ」

「私は妻なんだからもうちょっと泣いて見せないと、頑張れ、私！」

「この坊さんの話クソつまんねえな。あ〜足しびれた」

「この葬式クリアしないと遺族会議で遺産ゲットできねえし、気合い入れて頑張るか！」

「あいつ、どれくらい香典包んだんだろ？　葬式代足りるかな？」

などなど、知りたくもない欲や雑念が、むき出しの魂へダイレクトにぶっ刺さるように伝わります。「こんな裏切り者みたいな奴らに囲まれて○年生きていた俺の人生ってなんなの!?」と、取り返しのつかない圧倒的後悔の念が襲いかかるかもしれません。だって、食わなくても寝なくても存在し続ける魂にとっては、接する人の心だけが楽しみであり元気の素であるところなのに、それがないどころか、最も親しい人たちの思いが毒素になって魂を駆け巡るわけですから、そりゃもうこの時点で地獄。

そうなのです。天国や地獄といった「あの世」は、魂が「行く場所」ではなく、魂が「感じる状態」なのです。

この世に留まる意味を失った魂

既に肉体を失った以上、目の前に見える誰に対して語りかけても突っついても、誰も反応してくれませんので、自分がこの世にいる意味を見出せなくなるでしょう。遺産配分が気になるかもしれませんが、心だけになっても存在すること、そして自分を取り巻く心が一番大切であったことを知れば、取るに足らない財産がどのように配分されたとしても、自分の愛する人たちはずっとこれからも、またその死後もあり続けることもわかりますので、もう何も心配することもなくなるでしょう。

みんないつかは自分のように死に、そして魂だけになって心と意識を持って存在し続けることを知り、それでもこの世に願うことがあるとすれば、あとは残された大切な人たちが心清らかにお互いを思う心を保ってくれるよう希望することくらいではないでしょうか。

でもそれすら自分にはもう影響の及ぼしようがない。存在の性質自体が変わってしまったのですから。

「みんな、俺はちょっとだけ先に違う世界に行ってるよ。苦しいことも、悲しいことも、存在し続けることに比べればちょっとしたイベントみたいなものだから、それで心を捻じ曲げないで、まっすぐにおいで」

私はこの世を離れるときにはそう思いながら、皆さんにありがとうと言いたいな、と思うのです。

……が、話はまだ続きます。というか私はまだ死んでる場合ではないし、この本もここからが本番なのですから。

第三章
その先に逝ってみよう！

制約がない死後の世界

さて、既に肉体の制約を免れた魂が望む世界は、どんな世界でしょうか？

自分が係わることのできないこの不自由な物質世界に居続けることを特段望まない限り、この世界には戻ってくることもなく、紫外線だの可視光線だのではない全く別の種類の光によってあたりが見えるエリアに行くのだと私は思います。

そこでは何が照らし出されているのでしょうか？

あの世がどういう風景でどういう仕組みになっているのかは分かりませんが、私達が死後にあの世で認識できるのは、既にお伝えしたとおりこの世で知り理解できたもののみです。

物質的・空間的制限がない世界では、全ては私達がイメージできる限界まで、望むままに、見たいものを見、聞き、感じることでしょう。

臨死体験をした人の中には、あの世で水が飲みたいと思ったらすでにコップを手にしていたという話がありますが、そのコップはこの現実世界で見たのと何ら変わりがないどころか、コップの手触りや質感はこの世で感じたものよりしっかりと伝わり、水は遥かに美味しく感じ、風景が現世よりもはっきりと鮮明に見えたと語っています。

コップについては他の人も語っていて、それは家にあるコップと同じものだったと言う人もいました。それだけではなく、花畑が見えて「あれはどんな花だろう」と考えたときには、既に花畑の中にいた、という話もあります。全ては思い願ったその瞬間にその目的を達して手にできるのです。が、逆に言うと見たこともない、想像もし得ないようなコップはイメージできないので手にすることが出来ないでしょう。**全ては思い通りであり、望んだ通りに現実化するが、思い描けないものは思いもつかないので、それを見ても理解できない。**そういう世界なのだと思います。

食べたいと思えば、満腹になることなく食べ続けることができるし、筋力の限界もないから、行きたい場所にすぐに行ける。疲れることがないからいつまでも楽しむことができるし、休む必要がないので寝ることもない。

そして一つのことに充分楽しみ飽きたら、また次のことを望めばいいのです。その作り出す環境に関しては全てあなた中心の世界で、あなたが関心を失った瞬間に周囲の環境は消え、興味を持った対象を中心に新しい環境がイメージ的に構成されるのです。

でも、一人ぼっちだと寂しいですよね。では、あっちで出会う人との関係はどうなるでしょうか?

あの世で出会う人を騙すことはできない

一般に人は死ぬと体を離れ、既にお伝えしたとおりトンネルを抜けたり、三途の川を渡ったり、或いはエスカレーターに乗るなど、現世とあの世を明確に分ける、「境界」を象徴するようなエリアを通過します。それが何に見えるのかは人それぞれ。そして多くの蘇生者がその先に、既に亡くなっている父母や祖父母などの親族、或いは友人、人によってはとても懐かしい感じのする知らない人（ご先祖様の一人だったりもする）が迎えに来てくれたという話をします。しかし、こうしたあの世での誰かとの初対面から、あなたは既にこの世とは違う原理社会の中にいるのです。

「メラビアンの法則」というのをご存知ですか？　人が初対面で誰かと出会う時、視覚55％、聴覚38％、言語7％の比重で相手を瞬時に判断するため、その第一印象は数秒で決定されるという法則です。**人間は相手が「何を話すか」よりも、外見や声の調子や身体言語といった、話の内容以外の印象を重視しやすいのです。**

人間はそれくらい視覚に頼って生活し、様々な人との出会いを瞬時に判断し、また騙されたりもするのです。つまり政治家もルックスが良く声質が通れば、その演説内容が多少漠然かつバカっぽいものであっても、8割方、好印象を与え、それに接した人々の支持を受けることができるのです。いるでしょ、そういうセンセイが（笑）。

私達はそれほど騙されやすく、たまに痛い目に遭いながらたくさんのことを学びますが、私などはどうしても学びが追いつかず毎回騙されます。通訳捜査官として1400人ほどの中国人男女を取り調べながら、ときに泣き叫び、自殺演技したりもする彼らから1400回以上の嘘（中国人の嘘はひとりひとつとは限らないどころか、嘘をつきすぎて自分の説明した嘘を忘れストーリーが破綻する場合が多い）を経験していても、特に美女の涙には騙されて同情しそうになったりしてますので、取り調べのたびに毎回新たな嘘のパターンを学びましたが、今でさえ悪い女に騙されそうなこともあったりしますからね。人はその人の話す内容などより、見た目と声に騙されやすい。それを知っている悪党は、まさにその裏をかくのです。泥棒はビジネスマンのようにやってきます。悪魔は天使のように近づくのです。

ところがそれもこの物質世界ならではの話であって、あの世ではそれができません。魂そのものが生前、五感で得た感覚で対象を捉えられるため、悪党はひと目でモロそのまんま、接近すれば鼻をつんざく異臭が突き刺さるが如く、生前に肉体で習得した良くない感覚に変換されてあなたに襲いかかるように感じることができるでしょう。

あの世は悪人に不利です。自身がむき出しの魂であるため、「騙す」という最大の武器が使えないからです。肉体がないので暴力を加えることもできないし、騙して奪える財産も命もない上に、自身の嫌な想念を伝えてしまうのですよ。できることはせいぜい相手を不機嫌にする程度。当然誰もがそんなやつとは接点を持ちたがりません。

逆にあなたの素晴らしさもこズルさも、他の魂には一目瞭然。空間や肉体の制限を受けない世界では、相手はあなたの存在と性質そのものを把握しますので、現世なら若さや整形、作り笑顔でごまかせたような嘘も、あの世ではどうしようもないモロ出し状態。悪女は黒いオーラを放ち、聖女は輝かしくあたりを照らす存在として、見る人の生前の経験を踏まえたイメージに変換され、把握されるでしょう。

また音楽に接することの多かった人はその感覚が磨かれているため、相手から和音や不協和音などを聞いた時のような感覚も加わって認識できるのではないかと思います。また現世で味覚や嗅覚を大切にする仕事をしていた人には、他の人よりもさらに強く臭いに伴うイメージを感じ取ることでしょうし、触覚を頼りに仕事をしていた人は触る前から相手のざらつきやしっとり感など触覚的感覚イメージで、より多角的に対象を把握できると思います。

私もこの世の保守論壇では見た目おだやかなユルキャラ系のくせに、ツイートや発言はとんがっていますので、あの世で出会った方に「ううっ、坂東さんって実はデスメタル系だったんですねクッセー！」などと言われないよう気をつけたいと思います。

死後の名前はあるのか？

日本では死ぬとお寺の住職さんが念仏を上げて、戒名を授けてくれます。しかしその戒名にもランクがあり、居士だ院士だとランク別に値段設定まであるのは暗黙の了解。

私は個人的には戒名というのは、生きて死者を送る側の想いや面目もあると思いますが、それを付けてもらえないからと言ってどうなるものでもないと思うのです。まあ戒名をもらった魂は「あらら、そんなのいいのに、ありがとうね」とその気持ちを受け取る程度のもので、あの世で箔をつけるものでも、仏様との距離を決めるものでもないと思います。

この世の金でランク付けされる死後の戒名を、死者の魂はあの世でも使うでしょうか？　あの世で再会した先輩が

「ええ!?　坂東、お前『院居士』クラスなの!?　そそ、そりゃ失礼いたしましたああ！」

なんて言いますかね？（笑）。

まあおそらくは「あら坂東さん、息子さん「院居士」つけてくれるなんて、親孝行でいいわね〜」くらいなものだと思います。というか、本来戒名はお寺さんがつける尊称の一種であり、お布施の金額にもあの世でのランクにも関係はないはず。

私は戒名や名前どころか、言葉すらいらないのではないかと思うのです。

まず、この世ではその思いを「喉」を通して「空気」の振動により「音」に変換し

やり取りする必要がありますが、肉体も空気もないあの世では声にする必要がなく、伝えたいと思った考えは瞬時に伝わるはずだからです。たとえこの世で吃音《きつおん》があり、どもるなどの癖があったとしても、そんなものはもう問題にならずに、言葉以上に正確かつ具体的に、そして瞬時に思いが伝わることでしょう。具体的に言うなら、死後あの世で再会した友人に、まだ生きているある人のことを伝えようとしたとき、

「私が死んだときに葬式に来てくれたあの人、ほら、あの、禿げ上がった眼鏡の、名前がすぐ出てこないな、年は取りたくないもんだねえ、あいつだよ」

なんて会話にはなりません。その「禿げ上がった眼鏡の人」をイメージができ、それを伝えたいと思うなら、それはダイレクトに相手に伝わるからです。それを会話のように感じると思いますが、それは生前の体験から会話をしているようなイメージで意思伝達をしているためであって、実際には声でなく、想いがそのまま相手に伝わるので問題ありません。さらに言うならば、あなた自身さえもその名を必要としません。

言い換えるならあなた自身が名前であり、存在であり、他人が思い浮かべるイメージ

そのものなのです。

つまり伝えたい想いそのものが言葉になります。さらに空間世界ではないため、その人との距離は関係なく、伝えたいと思えばその人にだけ伝わるはず。ただしそのコソコソ話が悪意あるものかどうかについても、魂むき出しの世界ですから、第三者にはその会話の詳細はわからなくても心根は手にとるように、そして火を見るより明らか。あなたの魂の本質は隠せないのです。隠し事ができない、ということについてはまた後ほどお話ししましょう。

言語の壁はあるか？

私は警察でも語学（北京語）を活かして活動していたため、あの世の言語はやはり気になるところ。あっちに行って出会った人と意思疎通ができなければ出だしの挨拶からつまずきそうですが、おそらくそうした心配はいらないとも考えています。喉を通すどころか肉体がないのですからダイレクトでしょう。それは音楽のようなもので、悲しい曲は世界共通でどの国の人間も悲しいと感じるし、美しい絵もまた世界共通。絵や音楽に言葉の壁はないのと同じく、あの世でもこれに似た意思疎通ができるのではないかと私は思うのです。感覚としては外国人との会話も日本語で話し、相手は生前の母国の言語でそれを聞き取り答えますが、それをこちらは日本語で聞き取れている、そういう感じになると思います。また日本をイメージできる外国人なら、死後に私達日本人の魂が寄り添い集まっているエリアに来る（つながる）ことができるはずです。空間的、肉体的制約がないため、望めばそれは叶うからです。言葉が壁になってわかり合えないことなどないでしょう。但し、隠し事なくわかりあうと、心地良い人ばかりでもないはず。またお下劣ネタ好きで誰にも喜んでもらうことのない魂は、徳の高い魂たちの世界では共鳴する相手がいないためいたたまれず、共鳴してくれる霊が構成する下世話な世界とつながっていくと思われます。

ペットと会える？

もし動物があの世で心を通わせることができる存在になっていたなら、これまた面白い接触になるかもしれませんよ。この世でご縁があり気の合うペアができているなら、お互いの引き合う心できっとあの世でも再会できると私は思うのです。

想いが共鳴して伝わる世界ですから言語の違いは問題ありませんが、視覚に重きを置く人間と違い、嗅覚や聴覚、触覚に重きを置いて現世を過ごし、イメージを習得したイヌやネコとの会話は、視覚中心に物事を把握していた人間とは違うだけに新鮮なやり取りに感じるかもしれません。どれくらい会いたかったかを表現するときに「ご主人さまの脂肉のような加齢臭が忘れられなかったワン！」とか、抱き上げた時に「この魚くささが幸せだニャ〜ン」とか、え？　って思う愛情表現をするかもしれませんね。そもそも、もしかすると現世の動物たちって、言葉を操る口や、ものを作る手が未発達なだけで、実は人間と同じように、飼い主の言うことや物事をしっかりと理解しながら知らないふりをしているだけなのかもしれませんよ。だって「次に生まれ変わったら猫になってみたい」という人もいるでしょ？　生きているうちから犬のようになりたいおっさんもいますが、あの世では強く願えばそうなると思われますので、おそらく実際にネコに生まれ変わっている「元人間」もそこらへん歩いていて、都合が悪いことは知らんぷりしてるだけかも（笑）。

まあネコでも語尾に「お久しぶりだニャー！」とか、犬が「待ってたワン！」とか鳴き声を付けては言わないと思いますが、飼い主がペットにそういうイメージを持っているのならそう聞こえるかもしれませんし、それがどんなやり取りになるのか、今から楽しみです。

この世で出会う、想いを通じ合えたご縁は必ずなにかの意味がありますし、想い合う仲であれば必ず再会できるはず。動物を虐待したりすると、ペットの恨みとあなたの恐れという負の想念が引き合って、地獄の再会となるかもしれません。逆に互いにこの世でいい想い出を残すことができれば、それはあの世でも人間と動物という肉体の限界を超えた、とても良い関係であり続けるのではないか、と私は期待しています。

地獄とは自らの霊性が作り出す関係

問題はそれぞれが抱えている秘密。全てむき出しの魂ですから、あの世で改めて会ったときに、相手に知られたくない秘密を抱えたまま死んでいたとすれば、そんなこともすぐに見抜かれてしまいますので、知られたくない何かを抱え込んだまま死ぬと、会いたい気持ちと会うわけにもいかない気持ちで決心がつかず、結果会うことはないでしょう。

人と人、魂と魂のお付き合いは、引き合わない限り発生しないし、長続きもしないのです。それは現世の人間社会と同じ。会いたい人に会うわけにいかない、会いたいと思っても本性モロダシの魂が見透かされてしまい恐ろしくて会いに行けないなど、多くの人に対しそういう思いを持って死んだ魂は、孤独の中に長い時間を過ごすことになります。

「自分自身の本当の姿を知られたら、みんなが自分を嫌うだろう」と思うような、本当の自分を知られたくない詐欺師的な生き方をした人や、誰にも「会いたい」と思ってもらえない人、思い出してもらえない人は、むき出しの魂だけの存在になったときにはかなり孤独ですよ。それってある意味地獄でしょ？　時間無制限で永遠の引きこもりになってしまうのです。この世で多くの人に喜ばれ、思い出してもらえる人間であることが天国への近道と言えるかもしれません。

面識のない「ソウルメイト」との出会い

あの世において、あなたが隠しようのない魂だけの存在になっても居心地がいいと思える「ところ」とは、すでに空間を指すのではなく、他の魂とのつながりそのもの。

そのつながりが心地よければ、そこには共鳴する同種の魂の仲間が多数いるはずです。「類友の法則」により自分に無理なくあの世であなたが出会う魂たちこそが、いわゆる「ソウルメイト」、つまり魂の友です。

このソウルメイトは、この世で出会っていたならきっと親友や最高の夫婦になるはずですが、この世ではその魂は容姿の好みや経済的階級などに阻まれていて、私達自身がそうした外見や物質的条件に騙され翻弄されているため、もしすれ違っていても、或いは目と目が合ったとしても、話をしたりしない限り気付かない可能性が高いのです。まれにそうした二人がなにかのきっかけから現世で出会うこともあります。これは男女の関係に限らず、一般的にそれは「運命の出会い」と言われます。しかしこの世は肉体も社会的立場も時につれて変化し、それら物質的条件に引きずられてその精神も変化してしまうので、この世では二人が出会うタイミングにより、それがかつてのソウルメイトであったかどうかなど分からないことのほうが多いし、ソウルメイトであっても生きているうちに変化して縁が切れることもあるのです。

しかしあの世では、生前の親の遺伝子の影響が大きい肉体的な外見も、財力も、知名度も関係ありませんので、あなたがほっとした気分になった時に、すぐ隣にいる人がそのソウルメイト、つまり自分と同じ霊的成分構成で共鳴し合い存在する魂であることはすぐに分かるはず。

そしてあの世で出会うソウルメイトも、この世での人生の末に変化してあの世にたどり着いた安定した魂であり、おそらくそれはずっと昔の過去生からのあなたのソウルメイトではない可能生も高い。そのソウルメイトと思える、死後いつの間にか自然ととなりにいて違和感のない魂との出会いは、あの世であなたが暮らす環境そのもののように、共に存在し続けるでしょう。簡単に言うと、全く違和感のない家なしのご近所様みたいな存在です。しかもそれは一人だけではありません。あの世では、この世で会うことがなかった、知ってはいても、望むべくもない、時間と空間の制約なしに出会える魂（つまり死んだ時期が異なるソウルメイトたち）と会うことで、思いも寄らない望外の喜びや発見を得ることもあるかもしれません。このようにして最も気の合う、つまり魂の属性が最もよく似ている魂たちの一群が形成され、あなた自身の霊性が変化しない限り、いつもあなたとともにある状態が続くでしょう。

死後、男女の区別はあるのか？

この世でイメージを掴み、あの世でそう思い願うことはすべて実現するのであれば、男でも女でも、意識的に希望する性にもなれるし、なる必要がなければならないでしょう。

但し、この世での記憶とイメージが強く反映されるため、知らず知らずのうちに生前の無意識的な記憶や行動パターンに引っ張られて、男性的・或いは女性的な魂になりやすいと思います。

またこの世でのいわゆる性同一性障害者、つまり「自分は自分を男だと認識しているけど体が女であるギャップに悩む」という人は、生前その体が女性であろうが、自意識通りの自然な姿、つまり望みとおりの異性の形をとって、存在し続けると思います。ゲイやレズなどの同性愛者も、あの世では基本的に性別がないため問題はないでしょう。

また性別ではなく年齢も既に申し上げたとおりで、自分がイメージし、或いは望むとおりの自分の姿で居続けることになりますので、特にそうなろうと意識しなければ、それ以上老けた姿になったり、逆に幼児退行したりもしないはずです。

その上で発生する疑問は、その男女にセックスというものが存在するか、です。なんと言おうとエッチが嫌いな人ってあまりいませんからね。

現世で単に肉体的快楽までしか知らなかった魂たちが自然に寄り集まる（つながりあう）世界では、現世と同じようにセックスがあり、場合によっては浮気も発生して、現世とあまり変わらない人間関係に悩みながら、そういう世界にしか居続けることはできないでしょう。

また、現世で男女の間でもその愛の誠実さを大切にした、或いは愛とは何かについて真剣に考え続けたような魂であっても、まず生前のイメージがありますので、肉体を脱したとはいえ、男同士・女同士は生前のようにやはり同性であると感じるでしょうが、基本的に同性には性的魅力よりも最高に気が合う一体感を覚え互いにその想いを出会って即、瞬時に共感し、古い親友と再会したような気分を感じることでしょう。

運命の男女

この世で惹かれ合い出会った男女のことを、よく「運命の出会い」と言いますよね。愛し合う男女はよく「前世でもきっとまた会おうねって約束したのかもね」なんて言いますが、また会いたい、ずっと一緒にいたいと想い続ける2つの魂であったなら、すでにあの世で一緒になっていますので、次の変化を望まずずっと一緒に在り続けていたはず。逆に言うなら、人間社会においてことさら特別な人間関係である「恋人関係」「夫婦関係」というのは、本来あの世では別々のエリアにいて一緒ではなかった二人が「新しい出会いや学びを得たい」と願い、その願ったとおり実現した関係ですから、あの世でも一緒だったわけではないと私は思うのですよ。ロマンも何もない話で申し訳ないのですが、輪廻転生を繰り返しながら「僕たちはきっと前世も夫婦だったんだ」なんて毎回同じことを言い合う2つの魂って進歩ないでしょ？ ……って、そこんとこ夢がなくてすみません（笑）

でも逆にあの世にいっぱなしであったなら本来出会うことのない2つの魂が、同じ時代に生を受けこの世で惹かれ合う男女として出会うからこそ、それはまさに永遠に存在し続ける魂の生の中でもめったにあり得ない「運命の出会い」と言えると思うのです。

男女のご縁というのは、この世で生まれる友達関係や師弟関係、上司と部下の関係とも違い、現世で新しい命の入れ物（体）を生み出す関係ですから特別です。現世での二人の出会いはまさに超低確率で、物質世界の文明が進んで私達の知り得る範囲が広がれば広がるほど、特定の二人が現世に生まれて出会う確率は低くなるはず。逆に全く異質な者同士が出会ってこそ意味があるのですよ。

そんな二人が現世で出会い結婚し、或いは長い間共にいて、死後もまた会おうね♡と約束し合えたら、あの世でまた出会い一緒に暮らすことができるでしょうか？　二人の気が合い、お互いの思いが一致していれば、二人はあの世でも会いたいときに会うことができるでしょう。この世で長い時間苦楽をともにした結果、無理なく一緒に暮らせるようになり、パートナーが自分の体の一部のように、その場の空気のように心地よくも自然に存在し合った二人は、あの世でも無意識のうちに「二人はそばにいるものである」という意識から二人が望む限り好きなだけ一緒にいると思います。或いは後にお話しする、個を捨てた「慈愛」そのものになるかもしれません

しかし長年連れ添った夫婦でも、夫が現世でよそに女を作っておきながら、いい夫やいいお父さんを演じていたなど、どちらかに隠しごとがある場合、むき出しの魂だけの存在になったあとは、恥ずかしくて再会することができず、会ったとしてもとても気まずくて、会いたくても会うわけにいかない、という事になりかねません。思い

当たることがある方は、生きているうちにパートナーに詫びを入れて、いつ死んでも悔いのないきれいな心であることを心がけましょう。なぜなら相手の関心を失えばつながりを失い、それはなかったに等しい存在になるからです。

いずれにせよ、改めて男女に産み分けられた二人が、空間的に制約されたこの現世の、この時代の日本で出会う確率は、まさに砂浜の砂と砂が風に吹かれてぶつかるような奇跡的超低確率。だからこそ、この世での出会いは大切にしなくてはいけないし、人に対する未練を残してはいけないのです。

逆にあの世で自然に共鳴し合う運命の出会いは衝撃的。見たらすぐに分かるし、自分を見た相手が自分をどう思っているかも、魂むき出しであるためごまかしようがないのですから、仲良くなるまでの時間もいらない上に、恋の駆け引き的なやり取りもなし。魂そのものに惚れ合うので、その直感に間違いはありません。物質的欲望に重きを置く層での男女の出会いは劇的にセクシーに、精神性を重視する魂同士の出会いなら肉体的限界を超えた喜びがあるはず。もっと大切な一致を目指す、現世の男女のつながりを超えたつながりを求める階層での出会い、つまり自分が男か女かにこだわるより「如何に喜ばれる存在であるか」「いかに幸せであってもらえるか」に重きを置く、愛にあふれる層の世界では、誰と出会っても圧倒的な喜びに満ちている、そんな気がします。

あの世に家はあるのか

あの世は物質世界ではないため、太陽の日の出・日の入りや、夜といった変化は、基本的に望まない限りないと思われます。

私が読んだ、蘇生者の体験談をまとめた古い本では、まずあの世では空は晴れ渡っているものの太陽がなく、故に「一日」という時間を計測する概念もなくなるのだそうな。またある人は、視界は３６０度すべてに開けて空は快晴、不思議なことに太陽はあるけど、どこを向いても必ず後頭部側にあった、とのこと。３６０度全方向が見えるというのは蘇生者だけでなく、大東亜戦争末期頃に岡本天明という画家が自動書記しながら、本人でさえその内容がわからなかったという「日月神示」の中にもあるそうです。

まあ不思議といえば不思議ですが、今の私から見ても現世では、仙台にいようが東京にいようが上海にいようが、何故かいつも日の出・日の入りの中心に自分がいるように感じるのと同じようなものなのかもしれません。

こうしてみると基本的に日の出・日の入りはないようです。特に意識しなければ、望んだ何かをするのに丁度いい天気の下で、肉体疲労という体の限界も時間の制限もなく、個人的にはやりたいことをやりたいだけやり続けて存在し続けます。またあの世の社会ではきれいな魂ほど歓迎されるため、会いたい人と会うことができ、お互いの存在そのものを喜び合えるのです。ということは、基本的に昼夜の違いを必要とせず、天候の変化も必要とされないため、まず雨風を凌ぐ「家」の所有を希望しないかもしれませんし、必要としないでしょう。そもそも魂ですから、家を望んで作っても、玄関から入る必要がなく壁を素通りしてしまいますし、お互い会いたいと思う仲であるなら友達もひょっこり寝室に現れる（笑）、というか疲れ知らずの世界ですから寝室で横になる必要がないし、望まない限り雨風が吹きませんから屋根も壁も要らない。意識してひとりきりになりたいときには、誰かと会いたいと思っていないので、望まぬ訪問者に驚くことなく、望めば出現する夜空を眺めて過ごすこともできるでしょうから、結局、家は必要ないような気がします。

ただし、何かをしたいと考えるときに連想する建物はあるかもしれません。例えば知りたいことや調べたいなにかがあると、私の場合はまずパソコンか本棚ですが、既に申し上げたとおり「調べ物をするなら図書館だ！」と連想する世代の魂なら、図書館が必要ですので図書館はあるでしょう。「たまには街を散歩したいな」と思えば家やお店が続く街を歩くこともできますし、「野球を見てみんなと盛り上がりたい」と思うなら、そこに連動してイメージされる東京ドームのような球場に、同じ意識の魂多数がいるなど、それら図書館や野球場をイメージで作り上げ、訪れ、楽しんでいることでしょう。

車はあるのか?

あの世は物質空間的な世界ではないため、景色は見えていても距離は関係がないようです。

それは何人かの蘇生者が話していて、例えば遠くに花畑が見えて「行ってみよう!」と思ったらもうそこに立っていた、なんて話がよくあるのです。これもそうイメージすればそこに行ける、そういうものかもしれませんが、それは自分が「飛んでいっている」とか移動や速度に関わる物質空間的な話ではなく、「自分が自分の世界をそのようにしている」のでしょう。だから車も本来必要がありません。ただし、生前に生涯かけてお金をためて高級車を買うのが夢だった、なんて人は、死後、魂だけになってもその想いを叶えたいと願うなら、高級車をそのイメージで作り上げる(出現させる）ことができるでしょうし、時間に制限なくそれを手に入れ運転している幸せや、車のレストアや改造の楽しみを味わうことができるでしょう。

ただし、その望む車をしっかりとイメージ把握していないと、その性能は十分に楽しめないかも。

先日、私はある女社長さんが運転するベンツに乗りました。彼女はたくさんの企業と取引もし、商談もする関係から、その送り迎え用にちょっといいベンツに乗っているのですが、実は彼女自身ベンツにはまるで興味がないため、運転操作に必要な最小限度のスイッチ類しか把握していないのです。一方、私の愛車は一世代前のジムニーＪＢ23Ｗ、しかも20年落ちの中古に乗ってますので、見たこともないスイッチや機能がてんこ盛りのベンツには興味津々でした。そこでいくつかの目的不明なスイッチ類について、私は彼女に「これを押すとどうなるの？」と聞いてみたところ、意外にも「あ、そんなスイッチがあったんだね！　知らなかったよ！　こんな目の前にあるのに、あはは」と笑って答えたのです。つまりそのスイッチは彼女のまさにすぐ目の前の手が届くところにあるのですが、彼女はそれを必要としていなかったし、見えてもいなくて、彼女にとってはこの世にありながら無いに等しいものだったのです。ちなみに彼女は車に全く興味はないのですが、ドライブは好きであるとのこと。おそらく彼女は死後、「ドライブをしたいな」と思えば、彼女の知っているこのベンツがすぐにも目の前に現れることでしょう。しかし、その車内にはこのスイッチを含むいくつかのボタン類はなく、そのボタン類で機能するはずのギミックを彼女は再現できないはず。イメージが沸かないし、見えていないし、知らない上に、それがなくても不満はないのです。

私達は車がどういう原理で走るか、その詳細までは熟知していませんが、クルマは故障していない限りガソリンが入っていれば、基本的に走ることを知っています。「走ると信じている」のではなく、「走るものである」という概念を持っています。だから物質的・空間的な限界のないあの世では、車に乗りたいと思えばこの世で知り得た車のイメージで望みどおりの車に乗ることができるでしょうし、その原理を理解しなくてもその車は動くでしょう。

しかし、例えば私が全く乗ったことのないフェラーリに乗りたいと思っても、なんとなく運転に必要なそれらしい計器類やスイッチなどはついているかもしれませんが正確に復元することはできないはず。また逆にいくつかのかっこいいクルマを知っていれば、それぞれのいい部分を組み合わせた、現世では立体化されていないおもしろい車も作れるはず。私が生前いつも乗っているジムニーにまた乗りたいと思えばそのまま出てきて、そのハンドルを握って指に当たるハンドルの革グリップの縫い目に至るまで詳細に再現されるはず。それがきちんと今の私にも思い出せるし、イメージできるからです。

つまり、あの世ではなにか欲しいものがあれば物質や空間の制限なしに全てイメージしたとおりに再現し、それを楽しむことはできますが、**良くも悪くも思ったとおりになり、また思ったとおりにしかならないのです。**生前に見たことも考えたこともないものや連想もできないものを考えたりイメージしたりすることができないため、あの世でもそれを再現したり理解したりすることはできないのでしょう。それがあの世の限界です。

そして、車や家などの形あるものよりももっと大切な何か、もっと大事にすべき何かがある人なら、そんな物質的な楽しみも一過性のものかもしれませんし、また違う喜びを求めて、同じ楽しみや喜びを共感し合う魂たちの世界へとアクセスしていくでしょう。

あの世での食べ物は？

この世に生きる上で空腹を感じるのは、肉体を維持しようとする本能からですが、肉体を離れたあの世においては空腹感はないし、食べ物は必ずしも必要ではないでしょう。

つまり、肉体を持っていないので、お腹が空かない。血糖値の低下を脳が感知して発生する「食欲」が起きないはずです。でも目一杯ビールが飲みたい！　と思えばどんなに飲んでも胃袋の限界なしに楽しく語り合い飲み続けることができるでしょうし、食べたいものを満腹の苦しみなく食べたいだけ食べ続けることもできるでしょう。この世で得た「食べる快感」をもっと味わいたいという人は、そのイメージ力で食べ物を無限に手に取ることができるはずで、食べること、飲酒することを最上の喜びとする魂はそうした喜びで繋がり合う世界で時を過ごすことができ、それを楽しみにする魂と繋がりやすいでしょう。

これは食べ物だけでなく、この世の物質的楽しみを手放せない魂たちが作り出す様々な世界にも言えること。あの世ではイメージしたとおりに行きたい世界に行ける（正確に言うと「行く」のではなく、体験したい世界を体験でき、同じ喜びを求める人とつながる）ため、空間的移動を伴いません。長時間歩いたり交通機関を乗り継いだりしないのですが、そうした旅の移動を楽しみたい魂には移動するための車や公共交通機関が必要ですし、そうした魂も多数あの世にいてそれを楽しんでいることと思われます。

一方、それほど食欲に執着しない魂であっても、たまに友人と会ったときなどに、おもてなしの喜びの表現としてお茶やケーキが必要と感じ欲すれば目の前にすぐに出現するでしょうが、現世で「食べること」よりも大切な何かや、もっと夢中になれる精神的な幸せを見つけた人は、おそらく食べるなど現世的欲求をあまり感じないと思われます。結局、死後どんな世界に魂を落ち着かせるかは、この世でなにを大切に思い、どんなものに気付いてそれをどれくらい大切にしてきたかによって、大きく変わってくるのかもしれませんね。

過去は見えるのか？

中には死後も、一時期を過ごしたこの世（今私達がいる現世）の、未だ知られざる真実を知りたい！　とか、現世の未来がどうなるのかを見たい！　という魂もいるでしょう。果たしてそれらは見えるでしょうか？

私は過去については見えると思うのです。私達自身も複数の時代の流れを同時に見ているからです。

夜空にきらめくたくさんの星は、みんな似ていますが、目に見える光はその星から何百光年も、また星によっては何千光年、何万光年、さらに何億光年もかけて、今、地球に到達し、皆さんの目に映っているのです。つまり私達は今という時間の断面にありながら、様々な昔を同時に見ているのですよ。ただこの物質空間世界においてその距離は圧倒的に遠いため、針の先っちょ程度の大きさにしか見えません。でも、物質でもない、空間がないあの世から現世の過去を見たいと意識すれば、全く違う見え方になるはずです。

つまり、移動距離の限界がない魂が、３０００年前の日本を見たい！　と思えば３０００光年先の宇宙空間に移動できますし、空間的な距離は関係ないので普通の大きさに見ることができるはず。私達生者から見れば、霊がとんでもない距離を瞬間移動したみたいに感じるかもしれませんが、霊体となった魂からすれば、そう望んでちょっと目のピントを3000光年前に合わせてみただけの話。空間の制約のない魂にとって、この世の空間距離が何億光年あろうとも、イメージさえできれば、それを見ることはできるはず。他の惑星や、もしかするとそこに住む宇宙人の姿も見えるかもしれません。(但し生前の宇宙人に関するイメージがあいまいであれば見つけることができないかも)

でも、過去も記録として存在する程度。それを体験することはできず実体としての過去はもうないのです。確かに現世の物質社会の常識において、ポケットの中にあるレシートを手にしたあなたが過去に買い物をしていたことを証明することはできます。それはこの世界の常識です。しかしそのレシートを手にしているのは今であり、その記憶を思い出しているのも今、記録を調べているのも今なのです。過去はあなたの記憶か記録にすぎず、それは今この瞬間になく、よって過去に影響を及ぼすことはできません。ただ、記憶と記録があるからこそ私達はその連続性により自身のアイデンテイティを変化させながらも維持することができるのです。

レコードは回りながら音を溝として平面に刻んで回り、それをレコード針で再生するように、宇宙はそこに生きる者たちの行動を光として立体的に刻みながら動く、巨大な機械式時計のようなもの。そしてそれは肉体の限界を超えた魂という存在になった時に、誰もが再生できるのです。

だからこそ、後で自分自身が見て赤面するような、或いは消え入りたくなるような後ろめたい過去は作りたくないものです。まあ、他の魂にも笑ってもらえる程度の失敗談くらいにしておけるよう、今生一回勝負の今日一日を大切に生き、宇宙の光に刻んで参りましょう。

未来と永遠について

過去はもう無いけど見える。それは私達も記録動画やＤＶＤで経験済みです。

では未来は見えるのか？

まあ、「みらいだよ！」と叫んだ段階で「み」はすでに過去で、叫び始めた瞬間に未来にあった「い」はまさに今となり、そう思った瞬間に「よ！」と言い終わった今が、すでに過去になる、それこそがまさに時間の経過です。未来を先取りしようと思っても、いつまでも未来はつかめない。そういうものではないでしょうか？

「未来」は希望を持って成長するために必要な概念であるだけで、これまた実体はない。私は「今」にしかいないのですから。おそらくあの世にも時間の経過はあり、その経過に従っていろんな変化が発生すると思われますが、やっぱり「今」しかないので未来は見えないと思います。

そして、死後に行く世界に「永遠」はありません。「永遠」という文字を見ると、まさにあの世を象徴するにふさわしい表現のような気がしますが、死後、自分がどう望もうとも「絶対に変化しない今」に居続けることを希望しますか？　あの世という魂の世界も、死後のあなた自身が作り、あなたが関心を他に移せば消えてしまう。

あの世でも「今」はあり、「今」しかない。しかもその「今」さえ、あなたが自覚してこそ、あなたあってこその「今」なのです。

永遠があるとすれば、それはあの世ではなく、あなた自身なのです。

あなたの「天国」。

この世の宗教の多くは、死後に「行く」あの世には天国と地獄があると教えますし、どの経典にもほぼそう書かれています。しかし仏教はもともと地獄の概念を持っていなかったそうで、自分に甘く誘惑に弱い人の悪行を戒めるために、ブッダも言及しなかった「地獄」の概念を生み出したそうな。または全く先が見えない死後の世界に対する恐怖感が、「血の池」「針の山」「釜茹で」などの物質的要素からなる地獄を生み出し、それをより具体的に実感し伝えるために地獄絵図なるものが今に残っているのだと思います。そして地獄絵図でも、そこに描かれているのは舌を引き抜く「やっとこ」や亡者を煮込む「釜」、鬼が持つ「刺股」や「包丁」「刀」など、それが描かれた当時、この世にあるものばかりです。やはり空想したあの世のイメージや、蘇生者の環境理解、説明の際の表現力には限界があったのかもしれません。一方で神道は今でも天国や地獄を示していません。神道は、破ったらヤバい戒律や、手を加え話を盛る元になるはずの経典さえ元からないため、後付けで天国や極楽、地獄といった存在の根拠付けができず、そうした世界観も作りようがなかったのではないかと思われます。キリスト教も天国・煉獄・地獄があると説き、現世への転生を否定していますが、一説には原始キリスト教でも死後、現世への転生も否定されていなかった、と言う話もあるのです。

こうしたことから私は、少なくとも日本で一般に認知されているような宗教は、元来のものからだいぶ変化しているのではないかと思うのです。そして、実はあの世に地獄はなく、天国しかないのではないか？　と思うのですよ。だって死後、肉体の制約さえなくなり借金地獄や通勤地獄からも解放されたのに、地獄行きを望む人なんていないでしょ？

すべて望んだ通りにしかならないのです。みんな行きたい世界をイメージし、そこに「行く」のですが、**正確に言うと、物質界のような空間移動を伴うことなく、連想するイメージにより環境を作り出し、或いはイメージを元にそれを理解し、他の魂と「つながる」のでしょう。**目一杯ご飯を食べたい人は、胃袋という制限なしに「食い放題天国」に、たくさん感謝したい人は「感謝天国」に繋がります。全てはイメージどおり、しかしイメージの限界まで。パチンコが大好きなら「パチンコ天国」に（そういう店が現世にもある）、酒が好きなら「飲み放題天国」につながり、望んだ通りの酒がイメージ通りに出てきて、肉体の限界も閉店時間の制限もなしに、いつまでも楽しく酔った気分を満喫できるでしょう。

え？　私ですか？　私はまず上機嫌なおねえさんたちと楽しめるハーレムに行きたいな！

そう望むならいけるでしょう。世の男性が夢見る酒池肉林のハーレムだって思いのままです。

……が、私がハーレムを望んでも、私を接待することを望むおねえさんの魂がそんな私の想いに共感して霊的にアクセスし現れない限り、おねえさんは存在として「無」。そのハーレムの宮殿のどこを探しても誰もいません。代わりに私を接客する美女たちをイメージして作り出すことはできても、それはあくまで私がイメージで出した環境と同じで、私が現世で見たこと・会ったことのある女性でしか再現できません。しかも魂そのものと接する喜びがないため、それはイメージ通りにしか動かないダッ●ワイ●みたいな味気のないものになるでしょう、というか、我が家に●ッチワ●フがないどころか、残念ながら警察官時代のガサでもリアルで見たことがなくイメージが今ひとつですので、それさえ作り出せない（笑）。おまけにハーレムなんて望むのは、おそらくおっさんの魂ばかりですから、「すけべなおっさんと出来損ないのダ●チ●イフハーレム」になってしまう。

……それ地獄ですね（笑）。

天国しか無い地獄

しかし、人の楽しみは人それぞれ。例えば性的嗜好で言うならＳＭを楽しむ人もいるかもしれませんが、そういう趣味がない私にとってはまさに地獄。だって普通に考えて痛いじゃゃん？　でもそういう天国で楽しみたいという人もいて、その人にとってそこは天国なのです。死者だった魂にもいろんな種類がいますので、犯罪者は盗み天国や殺し天国、戦争天国なんてところに行くかもしれませんが、私にとってはどれも地獄でしかありません。

つまり、それぞれが行きたい天国に行く（作り出す）のであって、それ以外の、自分に無理のある天国は地獄である可能性があります。

だから私のような俗物まみれの魂が、徳の高い方々の魂とともにありたい！　と思ってもこれまた大変。聖職者のような人は毎日あの世でも神様と一致しようと「お祈り天国」で時を過ごすでしょうが、私にとって超退屈な沈黙地獄そのものです。キリスト教の修道士や修道女（ブラザーやシスター）は、神との一致を目指し、これを阻害する雑念のもととなる所有欲を排除して祈りに集中するなど、神に喜ばれる生活をしているため、私物がとても少ないようです。その一言が世界を左右するほどの影響力を持つフランシスコ現教皇猊下《げいか》も、その腕時計はプラスチックのカシオクオーツ時計1000円也。まあカトリック教会というと荘厳で豪華な彫刻や、金と白の色合いの教会堂を思い浮かべますが、あれはあくまで神の世界を表現するためらしく、一部の腐敗した部類を除いてほとんど私物にこだわりがない生活をしています。理念上「神と結婚している身」であるため基本的に配偶者はいませんし、神より大切なものがあってはならないのです。

他の宗教を含む徳の高い方々の「祈り天国」には、祈りに必要な物以外はなにもないでしょう。彼らはそこで好きなだけ時間を過ごし、共に神と繋がりあって存在しています。が、相対的に徳性の低い魂が自分より徳性の高い霊の世界に行って、そこに住むステイタスを得たいと考えたとしても、俗世を楽しみ遊びまくった汚れたおっさんにとっては静かで簡素すぎて、そこに居続けること自体が地獄に等しいはず。

つまり自分に合わない「天国」に行くと大変なんです。まあ「大変だなこりゃ」と思った瞬間には自分の希望する別の世界に行く（別の人たちとつながる）ため、そこに縛られることはないのですが、頑張って徳の高い世界に居続けるステイタスを手に入れようとしても無駄です。なぜならあなたはもう、外見では騙しようのない、むき出しのあなたそのものだからで、その世界で出会う他の魂も、あなたの魂の本質を瞬時に見破っているし、相手の素直な反応から、自分の隠し事や下心がバレていることに気づくため、すぐにいたたまれない気持ちにもなると思いますよ。犯罪者にとってはむしろ「おう！　俺も生前はよく強盗をやったもんだぜ！」という同類の魂エリアのほうがいやすいでしょうが、あくまでそれを普通と思う人たちですから、一緒にいてそれなりの苦労はあるかと思います。でも、そういう犯罪者にはそこしか居場所がないのです。

つまりそれぞれの魂が嘘偽りなく共鳴しあって存在しているため、分不相応な徳の高い魂の天国にいようとすると猛烈に気まずい気分になり、あなたはその無数にある中の最も居心地のいいエリアに落ち着くしかないのです。

あの世は無。の意味

つまりあの世においては「類は友を呼ぶ」のです。故にこの法則に反した無理は禁物。天国は楽しむところであって、無理をする場ではないし、無理が生じればそこは地獄になるからです。

この世で制約なしに飛んでいる虫たちにしても、蜂が集まる場所と、ハエが集まる場所は全く違うでしょ？　多層・多元的に、というか三次元を超えて多数存在する魂エリアのどこかに、あなたはあなたが楽しいと思える場所をすぐにでも見つけ、時間を気にせず存在し続けるし、そうするしかありません。そうした数多の天国には多数の同じ楽しみを求める魂たちが集まり、天国をイメージし作り出して楽しむ、あの世はそういう世界でしょう。

ただ、この世とは決定的に違うことがあります。

この世では、まず空間があってそこに人が集まり、場が生まれるのですが、あの世は物質空間世界ではなく生前に記憶したイメージで自分の在る状況を把握する社会ですから、イメージする人がいない天国は存在しないのです。誰もいない天国も、誰もいない地獄もありません。少なくともそれをイメージする魂が必要ですし、それらはみな魂あってこその世界。

ずばり言うなら、天国や地獄どころか「あの世」はないのです。あなたと、あなたに共鳴する魂が在るのみです。

それは簡単に言うなら、目を完全に塞いだ状態、真っ暗闇です。

人類のごく初期の頃の死後の世界は、おそらく真っ暗闇の中だったのでしょう。例えるなら、手を伸ばして歩いていると、たまに、何かとぶつかる。触ってみたけど、全くわからない。でもそれを知りたい！　という想いが生まれたのでしょう。そう強く願うことで願いが叶い、それを知るために生まれたのがこの現世、物質空間社会なのだと思います。

そしてこの現世でたくさんの人に出会い、いろんなものを見て、或いは発見し、作り出しながら、いろいろな感情を味わい、逆に他人の感情に触れ、五感を通じて、或いは雰囲気としてそれらを体験し把握して、初期の人類も順次死後の世界へ。

…で、また死後は自分だけになるのですが、たまに触れるなにかにまた触った時、生きていた時の記憶から「これは俺と同じ人だ！」と分かるのです。「足に触ったのは犬かな？」と思うのです。

今でもあなたが手で触ってそれが何かを知ろうとすれば、心のなかに立体的に把握し視覚化された対象の姿が浮かびませんか？

そして「あの世」というイメージ空間で、触れ合う対象から受け取った雰囲気、つまり「気」は、景色や音、味や匂い、そして光としてあなたの意識に反映されます。

それは物質である「目」で見て「脳」で知る認識力を超えた、魂による認識であり、本質の把握です。そこで触れ合う相手を認知した時、その存在の雰囲気がその周りの風景のようにまで見え、感じられるのです。でも、「もっと的確に自分以外の存在を把握し、もっと快適に永遠の中に在りたい」と強く願うことでそれが実現して、またこの世に転生。そしてこの世で様々な交流と、時代の最先端の文明から、新しい概念や楽しみを体験体得し、死後はまたそこに感じる何かをより正確にイメージで分析するために、私達は輪廻転生を繰り返しているのだと思うのです。

しかし今、私達は物質空間社会に生きているため、存在Aと存在Bが出会う「場所」をまず考えますし、「私はどこにいるのか」を常に意識しているため、空間の中に自分がいることを大前提として考えます。だから空間と切り離した存在はありえないし、物質的影響を受けない存在を把握できず、それが出てくると「幽霊だ！」と騒ぐのです。

次の転生を考えはじめたあの世の住人である魂たちにとっても、この世はすごく大切。だからちょっと見に来たり、たまに口出しもしたくなるのでしょうけど、出る時にはもうちょっと堂々と明るく出てきてほしいものですね。

第四章

あの世の構成と形

あの世はどのように形作られているのでしょうか？

まあ何度もお伝えしたとおり、あの世は空間ではないためあの世に形はないのですが、よく魂の世界を語るときに、「上級霊」とか「下級霊」なんて言葉が使われますね。そこでも空間的に「上」「下」と表現されています。宗教によっては頂点に神がいる天国や極楽があり、中間に煉獄があったりこの人間界を置いたり、下層を地獄とし、底辺を無間地獄とするピラミッド社会になっていたりもしますが、それは高い山に登るほど絶景が見えるという体験や、人間社会の経済レベル構造、企業社会の上位の優位性などからイメージできるあの世なのでしょう。でも本質は「どこにいるか」という空間的問題ではなく、「誰と繋がっているか」「どんな魂のアクセスを受けるか」が、その人の幸せの構築に大いに関係するものだと私は思うのです。

それをあえて形に例えて言うなら、それはおそらく球体のように寄り集まり、中心に行くほど多数の魂と魂が強い愛で結びつき核となっている、魂の一群が世界を作っているものと思われます。この魂の一群を仮に「魂群」と呼びます。この世にないものを伝えるために言葉にするだけですから、読者の皆さんは「たましいのむれ」でも「たましいぐん」でも「こんぐん」でも読み方はなんでもいいので、この単語はただの概念を示す記号として捉えてください。そしてここからのお話は、あの世の実態というよりは概念的な話としてご理解下さい。それは会社を組織図にするとピラミッド型になるけど、会社そのものはピラミッドではないのと同じで、あの世を例えるなら球状の惑星のようなものである、という話です。「ネット空間」と同じく空間ではありません。

その魂の集合体を形に例えるなら、それはマリモのようなもの。マリモは、あの球体ひとつがひとつの生き物ではなく、青藻の集合体で、一つ一つの細胞からなる「糸《し》状体《じょうたい》」という細い藻の繊維が絡み合いくっついて玉になっているので、中心にあるのは外側と同じ糸状体。おそらくマリモに「なんでくっついてるの？」と聞いても、どの糸状体も「みんなくっついてるから」「マリモだからだよ」と答え、それ以上の明確な答えはないでしょう。実は人間社会もそれと一緒で、なんで寄り集まるのか、なぜお金のやり取りで生きているのかというと、「みんながいるから」「みんなが価値を認めているから」という主体性も絶対性もない、まさに「浮世」的な答えに落ち着くのではないでしょうか？

宇宙もそうでしょう。宇宙はどこかに引っかかって存在するわけでも、元になる何かにくっついているのでもなく、それぞれの恒星や惑星に引っ張られながら太陽系を作り、銀河を作っているのです。最近の研究では、理論上、一方向に光を発信すると、はるか未来に真後ろから光が返ってくることになるらしく、これにより宇宙は物質的に果てしなくでかい球体なのではないか、と言われています。

この、形に例えるなら球状に寄り集まった状態の魂群を輪切りにしたら、その構成はどうなっていると思いますか？　地球も単なる土の塊ではなく、実は表層と中間層、中心核に近いところと中心核ではその構成する物質が全く違うものなのだそうです。重力に圧迫されて生まれる中心部の圧倒的な熱を対流させる働きを持っているのだそうですが、それぞれの層を構成する物質は全く違うことがわかっています。つまり各層ごとに、地質や物質を結びつけている要素が違うのです。

では、魂はどの層が何で結びついているのでしょうか？

まずは今のこの世のレベルに近いと思われる、中間層から行ってみたいと思いますが、その前に、魂群でそれぞれの魂をつなぐ要素である「愛」と「欲」の違いをはっきりさせておきましょう。

愛と欲の違い

私は物質的にも精神的にも、私一人だけがぽつんと暗闇の中に存在したらやることがなくて寂しくて死んでしまうと思います。自分が存在し続ける限り、自分以外の何かを求めるでしょうし、そこにある存在が人であれ物であれ、自分に良い対象を見つけ繋がりを持つことだけは、死後も望み続ける、「魂の本能」なのではないかと思います。

しかしあの世では物はイメージにより作られるため大した問題ではなく、むしろ問題は人、つまり死後の世界では他の魂です。そこで「自分に良い相手」とは何を基準に判断し、「あなたがどんなつながりを望むか」が、あなたの死後の世界を決定づけることになるはずです。

つまり、それが自分の心を満たしてくれる相手なのか、自分の能力不足をカバーしてくれる相手なのか、はたまた自分に利をもたらし欲を満足させてくれる相手なのか？　端的に言うなら、あなたは「愛」で満たされたいのか、「欲」を満たしたいのか？　ですよ。

現世においては、愛の裏返しは恨みであり、愛の対極は無関心であると言われます。だから歌でも「殺したいほど愛してる」とか言いますよね。愛するあまり無関心になることはありません。

で、私はというと、いつもこうした問題をあれこれ深く考えてしまうためか、はたまた愛の重みを必要以上に意識してしまうためか、めったに女性に対して「愛しているよ」などとは言いません。なぜなら新しい命を生み出すに至るそれは、その対極にある「殺してやる」と同じ重みがある言葉。だから3回しか言葉にしたことがないんです。というか、3回あります（のろけ話ではないので念のため）。

1回目は「そう言わなくてはいけない状況かな？」と判断した時。2回目は結婚の記念に。ちゃんとタイミングを見計らって、気合いを入れて伝えました。離婚しましたけど（笑）。

しかし全く意識せず口からその思いが出たことが1度あるのです。その言葉は本人も知らないうちに口から出てくるもので、「あれ？　今、『愛してる』って俺が言ったのか!?」と驚いてしまいました。まるで何かが俺に乗り移った？　憑依してた？　と思うくらいでした。それは笑いや喜び、勝利の雄叫びと同じく、またくすぐられたら笑い出すのと同じくらい、自然に飛び出て相手に伝わる言葉。しかし伝えるほうが意識しないで自覚なく飛び出すような言葉ですから、聞いたほうも自然に聞き入れて意識できていなかったかも。というか覚えてないかも（笑）。

愛と憎しみは方向性が全く別ですが、刑事事件で取り扱ったことのある「この野郎！　と思ったら夢中になって殺しちまいました」ってのと同じくらい自然に出てくる（自然じゃない？）ものですので、私はこの世でも、またそんな言葉が自然に心から口を通して飛び出るような相手と出会えたら幸せだな、と思うのです。

もっともそれは異性との間だけにあるものではありません。「親子愛」「友愛」「師弟愛」「同性愛」「郷土愛」「愛車」「愛馬」「愛人」「愛着」「愛国」など、他にも「愛」と名がつくものはたくさんありますが、**自分を滅ぼしてもその対象を大切にしたい！　という想いがあれば、それは愛である**と思いますし、それほどでないならそれは「欲」なのでしょう。

つまり「愛」とは、それを「自分より大切」と思えるもの。キリスト教の聖書によると、「愛は寛容であり、愛は親切です。また人をねたみません。愛は自慢せず、高慢になりません。礼儀に反することをせず、自分の利益を求めず、怒らず、人のした悪を思わず、不正を喜ばずに真理を喜びます。すべてをがまんし、すべてを信じ、すべてを期待し、すべてを耐え忍びます。愛は決して絶えることがありません」と説明されています。

破壊的要素はなく、どれをとっても善であり、集団社会においては生産的であり、ゆえに正義と結びつくのでしょう。

一方、「欲」は自分あってのもの。自分を優先して相手を後回しにする関係は「欲」によるつながりに過ぎないのです。私は愛車（ジムニーＪＢ23）を自分で手入れして弄《いじ》り回す趣味があり、「しろくま号」と名前まで付けていますが、肉体を滅ぼしてまで守りたいとは思いません。ごめんねしろくま号よ。そんなわけで楽しく過ごせる仲間のようでもあり改造しまくりの「愛車」ではありますが、車検適合の範囲内で抑えているあたりが「盲目の愛」ではないし、愛という言葉をそう簡単には使いたくない私にとっては「創造力を掻き立てる最高の車」に過ぎないのです。つまり我欲が強いと自分以外の他の存在は、自分を維持し満足させ、自分の思いを遂げるための対象であるため、時に破壊的で非共存的、ゆえに自己中心的で、何らかの共同作業を重視する集団社会においては非生産的で、恨みを発生させやすく悪につながり、関係を結ぶには条件が必要で、精神的限界があります。

現世に生きている限り、愛100％に生きれば体を維持することができず死に、欲100％で突っ走れば人間社会から疎外され一人ぼっちでは精神が持たない。そのバランスを取りながら心は変化し変質しながら、欲が愛になったり、愛がタダの欲になったりもするし、その想いを維持できず無関心になったりもするのです。

永遠の愛だ誓いだと歌って世界中を感動させる歌手でさえ離婚もするでしょ？ 変わらない本物を求めていてもそれは常に変化し、何より自分自身が変化する。でも程度の差こそあれ愛と欲こそが、人と人、人と物を惹きつける接着剤のようなものだと私は思うのです。

つながりたい想い

人間はこの世で、恋人や愛する配偶者や大切な子供と、必ずハグしたりキスしたり、とにかくまず接触しくっつきたがるもの。これは他人に対してだけでなく財産についてもそうです。思い出の品であれ宝石であれ、人生の宝物と言えるものは身近に置いておきたいし、独占状態を作りずっと維持したいものなのです。なぜでしょう？

それも魂の本能のような気がするのです。「大切な人とはいつも一緒にいたい」「愛する人と一体でありたい」「大切なものはいつも近くに置いておきたい」など、大事なものほど自分の近くにあってほしい。その想いは、現世においてこそその肉体的制限や空間的・時間的限界がありますが、あの世ではその制限がありません。

それでいて死後も、愛と欲はあなたの想念として存在し続けます。決して死後、自動的に仙人のような境地に至るはずがない！　と私は自分を見て確信しています。

では、その愛と欲がこの世とほぼ同じバランスを保っている中間層は、どんな魂がどうつながる世界でしょうか？　まずは世間一般の方々が一番多く行くであろうと思われる中間層から、見てまいりましょう。

魂群の中間層

魂同士のつながりが、マリモのような球体とすれば、中心の核となる「神」に近い部分よりも外側に行くに従い、魂同士をつなぐ絆の構成要素が「愛」より現世的な「利」を得ようとする「欲」の要素を多く含むと思われます。

そしてそれは、マリモの表面の糸状体のように絆の本数が少ないものが外側に飛び出しながらも繋がっている、そんな形になると思います。

中間層は今、私達が暮らしているこの世界と同じようなもので、愛と欲が程よく混在し楽しみと喜びが重視されるエリアでしょう。

例えば自宅購入を熱望し夢見たまま死んだ人の場合は、その本人にイメージ可能な範囲内で夢のマイホームがあの世に出現しますし、酒が好きな人は、夜の盛り場に行って楽しく飲んでいたイメージを実現させて、繁華街のある世界で遊び続けることができると思います。

さらに、経済的な成功哲学で人生を送った人は、それがこの世で成功したかどうかは関係なく、そのイメージできる限界まで大金持ちになれるでしょうし、金持ちの象徴としての豪邸やデラックスな外車なんかも望みのまま。まあ物質空間世界ではない上に、天候の変化も本来ない世界ですから、豪邸も移動のための車も要らないのですが、楽しみのためにそれらの物質的要素を必要とする「欲」を伴って他の魂と繋がる世界には、同じような楽しみを共有したい魂が集まって、宴会を開いたりもしていることでしょう。何を求め、何を欲し、どんな世界に浸り続けるかで、繋がり合って作り出す世界は無限。他人とのつながりに物質的な仲介物を必要としたり、物質そのものにこだわって手に入れたい物質的な喜びを重視する魂が直接間接的に繋がりながら、仲よくこの中間層を形成していると思われます。

しかしながら、そうしたものは本来肉体を持たないあの世には必要ないのです。それに気づいた魂はそうしたエリアに存在することを無意味と考えるようになり、より多くの魂とのより強いつながりを求めて、イメージでどうにでも満たされる不要な欲を捨て、多数と一緒であることを望むでしょう。

会いたい人に会えない孤独

誰かとともにいたいけど、現世において自己中心的な性格を形成し世渡りするようになると、そのパターンでの世渡りしか知らないため、死後も互いを想い合う心によるつながりは少なくなるでしょう。

現世で嫌がられている自覚がなく、人に迷惑をかけまくって魂を磨くことなく生き抜いたワガママな人（つまり他の魂のことに想いが至らず徳性を磨くことがなかった不健全な魂）は、死後もそれに気づかず多数の魂との出会いを求めますが、その魂を見た他の魂たちは、その自己中心で愛のない、混濁した色や雑音のように直感する彼を避け、共にいようとはしないでしょう。また本人自身、外見でのごまかしが利かない魂の世界独特の、ひと目でモロ分かりな状況にいたたまれず自ら距離を置くため、死後も魂として孤立しやすいと思います。

しかし気まずいこともなく、無理することもないその状態こそが自らが安住する天国。それ以上の幸せは望むべくもないし、望んでも得られず、生前そうして生きてきたとおり得てもまた手放すのです。つまり今と変わらないので、なんとなく寂しいと思いながらもそれ以上の喜びを得て受け止める魂の状態にない、故にその状態を「地獄」とは感じないかもしれません。

さらに中心核から離れた外側（スピリチュアル本でいう下層のエリア）にはおそらく、現世で他人と愛で結びつくことが少なかった、或いは全くない中で、寂しさを埋めて自分を満足させようと自己中心的な方向性で生き方を模索し突き進んだ魂がいますが、彼らにもまあそれなりの孤独でニッチな天国があるはずです。

つながりよりも物欲イメージで自分だけの天国を作ろうとする協調性のない魂でも、まだ自分の魂の存在に肯定的である限り、そうあり続けますが、自分の存在すら願わない場合、つまり存在を消してしまいたいと願った場合、魂群を構成する他の魂からも忘れ去られ切り離され、また自ら関係を切り離し、あの世の「無」の宇宙に溶けて消えていくのかもしれません。

そう、**消えてしまいたいまでにその思いに囚われた状態こそが地獄。孤独に閉じこもった魂は魂群の球体から切り離されて、自我を失い狂ったタタリ神のような魂を引きよせて消えていくのかもしれません。**地球の外側に真空の無である宇宙空間が広がっているように、あの世にも魂群の惑星が浮かぶ無の世界があるのだと思います。

この現実世界でも、誰もいない、陽の光も差してこない真っ暗な部屋に3日も閉じこもっていると、人間は時間の感覚が狂い、真っ暗な睡眠と覚醒が繰り返されて、頭に浮かぶ夢と想像の違いがわからなくなり、気が狂います。まあ死後は自分で思い描いたイメージの世界に遊ぶことができますから少しは気が紛れるかもしれませんが、逆に誰かある人を思い浮かべて会いたいと思っても、相手に嫌がられていたり、会いたくても自分の本質や隠し事が見抜かれることを恐れるなら、出会いや再会を望みながらも会うことはなく、真っ暗な部屋に閉じこもり続けるのと同じような心理状態に陥ることでしょう。

誰かとつながるということは、あの世においても自由にできるものではありません。もちろん寂しさを紛らわせようと他の誰かをイメージして作り出すことはできるかもしれませんが、それは本人ではない等身大人形やフィギュアを相手にしているようなもの。本物が別に実在し、でも誰も自分と会ってくれない、思い出してもくれない、それは悲しいことでしょう。

自殺した人であれ、この世では肉体が消えても、この世の記憶と意識が残るはずですが、それすらなくしてしまいたいと思うなら、それは叶うでしょう。思えば叶う、それがあの世だからです。

タタリ神の世界

さて、先に「愛の対極は無関心であり、愛の裏返しは憎しみである」と書いたとおり、孤独のうちに消えてしまいたいと思う魂とは全く対極にありながら、外側にいることを好む魂も存在します。愛と反対方向に走り、その思いが物欲を超えて邪神のような魂になった者たちです。

魂むき出しのため騙せない上に、奪える「物」がないので、お互いそこそこ仲よくしていようと思いながらも、そういう人たちですからイメージすればすぐに再現できるものでさえ盗まれればカッとなってしまう。死ぬはずがないのに殺したり殺されて頭にきたりで、そういうことが好きな魂たちは「奪い合い天国」「殺し合い天国」を作ります。が、そこはまだ奪いたい「なにか」が介在しています。その奪いたい仕返ししたい欲があるうちはまだマシで、それをさらに突き抜けた先には、邪神や「タタリ神」的な魂として存在する者がいるのかもしれません。

この階層では、犯罪的なナイフのマニアが特定の人間に恨みを持って「これでアイツを斬ってみたらどんな手応えがあるかな？　どんな悲鳴を上げるかな、へっへっへ」という異常な好奇心を持つ通り魔などまだ序の口。その外側に位置するのは、そうした体験を目的としたり、特定の感情から湧き上がる衝動で思いを遂げたいという魂ではありません。それは「手段も相手も問わず、呪い殺し続けたい」という、理由もへったくれもない、非生産的かつ破壊的な魂。恨みや憎しみさえ原動力とせずに破壊本能の充足なくして存在し得ないイカれた想念です。もしかするとそれらがこの世の人の恨みの心に共鳴し作用して、この世に言う「呪い」や「祟る神」として恐れられているものなのかもしれません。日本の神にはこういう種類はあまりいませんが、海外に実在する悪魔教団の中にはこれに近い思想を持つ団体があります。

普段はおとなしい人の中にも、突然心の内に湧き出る愛や殺意といった感情というのはどこにあるのか？　と考えると、それは本人の心の中にあるというより、本人の心の中に繋がるこうした「神」や「悪魔」「祟り神」のようなものの作用ではないか？と思うことが、取り調べの中でも多々ありましたよ。普段は優しそうな、いい人にさえ見えることがある犯罪者を取り調べ、雑談を交わして得た感想ですが、何かが欲しいわけではなく単に盗みをしたいとか、誰かを恨んでいるわけでもなく単に殺してみたいなどの、ちょっと理解不能な犯罪者の言動に接して、「この想いはコイツのどこから来ているのだろうか？」と思うことが何度かあったからです。

魂群の中心へ

今度はまた中間層に戻って、逆に魂群の中心核に向かって見てまいりましょう。

現世で「自分に良い相手を見つけ繋がりを持ちたい」という子供のような思いから、自分より相手のことを大切に想うに至った魂は、当然現世でもたくさんの人と繋がりを持ったり、普通の人よりも深い繋がりを周りの人々と構築し、死後は中間層エリアより中心に近い、「欲」より「愛」の成分を多く持つ魂と共鳴することになります。さらに「自分に良い相手とつながる」ことより「相手に良い自分でありたい」と願うようになると、自分に置く比重が軽くなってきます。似たような状況としては、惚れた男性に女性が「あなたの行くところなら私はどこにでもついていくわ！」とすべてを捨てて決意を伝える状況が思い浮かびますが（その逆もあります）、肉体を持つ身では限界がありますし、結婚してみるとそう言える時期は限定的でしょ？　またそう「決意」するあたりですでに力が入っていることから、妙に力みすぎて結局疲れが出てしまい関係が壊れたりもします。ところがあの世ではまず、力まないとつながりを保てないような魂同士は自然に出会うことはなく、一緒に居続けることもできません。その魂たちにふさわしい落ち着く場所（魂同士の繋がり合い）で、いわゆる「徳の高い魂」、つまり相手を想い大切にしたいと願う気の合う魂たちは自然に繋がりを保とうとするのです。ともに有ることに決意や決断は必要なく、心の底からの自然な望みで自然のうちに共鳴する素晴らしい同種の仲間と存在し続けるのだと思います。

但し、永遠に互いを素晴らしい大切なものと認識でき想い合う状態を自然に結ぶには、現世での様々な経験や学習を経て、精神的魅力を身に付けてから死ぬことが必要でしょう。自らをそうしたレベルに磨き上げ、会いたい！　と想い合える人とご縁を結ぶのが現世の存在意義のひとつでもあり、そう想い合い、共に有りたいと願うのが魂の特質。それがあの世で自分に一番居心地の良い世界で、誰と出会い、どれくらいの想いの強さで引き合うかということに決定的に影響するはずです。

私達はできることなら、「愛にあふれる人間でありたい」と思い、そういう人と出会いたいと願うもの。そんな魂たちが自然のうちに落ち着き、出会った相手と共鳴し合う世界で、男女の性差を意識する層での出会い（もちろんものすごく気が合うかなり多数の異性と出会うはずですが）は、まさに運命の出会いにして必然の出会い。この世でも、恋愛対象となら人生なげうってでもハグしたりキスしたりセックスしたい、と願うでしょ？　しかもあの世では、むき出しの魂そのものとなっていて、1時間、1日などの時間の制約はなく、肉体という限界を持たない惹かれ合う者同士が出会う。

わかりやすく例えるなら、愛し合う男女がお互いだけを見ていて、その背景なんかどうでも良くなっている、そんな関係であり世界ですよ。たまに街でも見かけますが（笑）。

そのちょっと上層になると、本来あの世にない性差や姿形より、共鳴する他の魂との一致を喜び感謝してよりたくさんの愛にあふれる他の魂と結びつくことを楽しみにするようになります。まあこの世では人類は男と女の2種類だからこそ、二人の世界に居続けようとし、そこに独占欲が発生したりしてややこしいことになったりするのですが、あの世では生前の自分自身が持つ性別のイメージは持っていても肉体はないため、魂の本質に性別はありません。想い合い、労《いたわ》り合い、助け合おうとする同種の魂が、より多くのより強い一体感で繋がり、自分自身がその想いに意識を集中する……というより浸り切るだけでもう目いっぱいになるため、自分が自分を楽しませるために作り出すイメージの世界などどうでも良くなるのです。そうした想いが強い多数の魂の共鳴は、たくさんの異なる楽器が同じ調律とテンポで奏でる和音のようなもの。より多くが集まり良い音を奏でようと高め合うオーケストラのような世界なのかもしれません。

さらに思いが強くなると、個人間だけでなく集団の中において**「みんなに良い自分であり続けること」**、さらに**「自分はどうあれみんなが幸せであってほしい」**へと、愛の強さと反比例して自分を意識することが少なくなっていきます。自分の存在の仕方やあり方など問題にさえならなくなりますが、あの世ではそのように思いやり、想い合う、自意識より他の存在を重視する魂たちが、その想いのとおり自我を忘れ一体化します。

つまりそれぞれの魂と塊をつなぐのは、中心に行くほどに他人（他の魂）を想う心であり、**その中心核は自分を無にして繋がり合う「愛」なのだと私は思うのです。**

まあそれを「愛」というある種のイメージ色のついた言葉にするのも適当ではないかもしれません。宗教によりそれは「慈愛」「慈しみ」とも表現される、「相手を大切に思う心」だと私は思うのですが、自分自身よりも何かを大切にしようとする心を、日本人は「愛」といいますのでそう呼びましょう。キリスト教を始め他の宗教でも大概において愛すること、慈しむことは最も重視されていますし、それらの神は慈愛あふれる存在であることがほとんどです。そして愛の大きい人ほど、たくさんの人を惹き付け、魅了し、その精神性が影響力を持つ結果、中心的な地位にあることを求められるのです。そうした魂は唯我独尊を求めず、他の魂と繋がり一体感を求め、**より多くの魂と繋がることで、より楽しく幸せな状態に自らを保持し、繋がり合う世界をみんなのために広げ構築している**のです。

魂群の中心核にある「神」

この世に生きる人間が命を捨てるということは、まさにすべてを捨てることですが、あの世ではすでに命は体とともに捨てています。最後に残るのは、現世での記憶や思い出、自分自身の意識くらいですが、それさえ捨ててみんなにいつまでも幸せであってほしい、喜んでいてもらいたい！　というレベルに至った魂も、あの世の法則通り「その望み通りになる」でしょう。つまり一個体の魂であることより、「愛」そのものになろうとし、望むとおりそうなる魂もあるはず。

それはもう、いわゆる「神」です。

これがこの魂群の最も中心であり、自我を捨ててその共通認識を持つ集合体の「核」となった存在であり、もう自分と他を「つなぐ」どころか一体化した魂の塊そのもの。その魂群の中核にある、愛と喜びそのものに変質した中心核を私達は「神」と呼び、あの世でもそれを中心につながりを願う魂たちが集まっているのではないでしょうか。

そしてそれは自分自身に失望し孤独のうちに消えてしまいたいと願って消える魂をつなぎ留め、理由なく他を滅ぼし続けることを欲する祟り神と反対側の中心で、失望や破壊ではなく愛と希望のうちに個を消滅させ、かつ存在し続けるのです。

現世の学習と輪廻転生で繋がる魂群

つまり、一つの何らかの最低基準の共通認識（現時点では地球人であること）を持つ魂群を断面図的にまとめ、あえて層ごとに分類すると、この惑星のような魂群の中心から、神のような無我の愛　～　個を保ちながら強い愛を持つ魂　～　その外側に愛と楽しみの間を幸せと感じる魂　～　④誰かとともに自らを楽しませることに比重を置く魂　～　⑤他とのかかわり合いより自分を楽しい状態に保つことを重視する魂と緩やかに外殻に向かって繋がり合い、一番外側には、⑥複数とのつながりを保てずそこにとどまるしかない魂が自分を楽しませながら繋がっています。さらに⑦複数どころか誰とも繋がり合えない魂は、全てと切り離され孤独のうちに消えてしまいたいと望み、祟り神と引き合いその望みどおりに消されてしまう。あの世にはそうした魂の一群がある。私はそんなふうになっているのではないかと思うのです。

では、神の領域を中心核とする魂群は、あの世にいくつあるのでしょうか？

何度も申し上げますが、あの世は空間ではないためこの魂群にも形がなく、あくまで形にしたら球体のようになるだろう、という話ですが、おそらくそれは無数に存在しながら、お互いを認知していないのではないでしょうか？　つまり「存在してもないに等しい存在」であり、その多くはまだ無関係にあるのではないかと思われます。それは宇宙に地球があっても他の宇宙人を知らない、イメージもできない、この現世の今のような状態で、実は多数の魂群が互いを認知せず存在している、そんな気がするのです。

逆に言うと、この状況は生まれ変わりの限界を示しています。

原始人が自分の集落やそれを取り囲む山々までしか知らない頃は、次に生まれ変わりたいと熱望しイメージできるのもその集落ですから、同じ集落にまた生まれ変わっていたと思われます。縄文時代の人々にイメージできたのは、せいぜいいくつか山を越えた一定の地域までの村社会であり、故に死後もその生活エリア内を中心に得た記憶やイメージを元に環境を作り出し、想い合う魂たちが出会い、同じ性質の魂同士が寄り添っていたはず。神のように愛にあふれた魂を中心に、小さな魂群が多数作られていたはずです。同じように、江戸時代に死んだ魂も、知っているのはせいぜいお伊勢参りで通過した他藩の土地くらいで、南蛮人の存在は知っていてもイメージできず、死後「ポルトガルに転生したい」と考えてもできなかったはず。江戸末期ころには、互いを想い合う気持ちの強い魂の塊を中核にし、自意識までも捨てるレベルに近い神のように愛にあふれた核の周りに、直接・間接的につながる多くの日本人の魂が寄り集まって魂群の球体を作っていたことでしょう。

そして明治維新を経て、共に戦争や災害を乗り越えた今、私達日本人の多くが全国各地に旅行することも可能となりました。今や各人はインターネットで他国の環境を、SNSでその各地域に住む人々のイメージを昔より具体的に把握でき、出会いも多くなり、国民の相互理解は進み、深まっています。私達を守り愛している日本の「神」のイメージもほぼ共通し、程度の差こそあれ、その神に愛される人間でありたいという想いで、ほぼすべての日本人はあの世でも直接・間接的につながっています。そして日本人の多くが日本の他の都道府県や市区町村などの地方色や住民性をイメージし、知り合える環境ができた今、あの世には日本の魂群がほぼ完成して、日本各地への転生が可能となり、外国の宗教文化などを中心に構成されてきた他の魂群とも繋がろうとしているような気がします。

加えて現在、海外からはたくさんの外国人が訪れ、日本の文化や人との交流を楽しみ、日本のイメージを掴んで、日本との別れを惜しんで帰国します。中には自分の国に帰らず不法滞在までして日本で人生の多くを過ごし死ぬ人もいます。不法滞在者や、入国時から違法な密航者を含め、日本や日本人のイメージを掴んだ彼らも、当然死後に強く望むなら、自分が共鳴する多くの日本人の魂と一緒に在り続けるでしょう。逆に私達日本人自身も海外旅行などで得たイメージから、死後希望すれば、そのイメージできる望みの国の魂群中の共鳴し合える魂たちとつながり共に存在することができるはずです。

このように現世での様々な職種や趣味、旅行などの文化交流により日本のイメージを把握した外国人や、逆に外国に行った経験からより正確に海外をイメージできる日本人たちが、死後はそれぞれの魂群をつなぎ、行き来できる状態ができつつあるのではないか、と私は思うのです。

また今後は何らかの形で言語を始めとする各種の壁を乗り越えることで、さらに現世での相互理解が深まり、国ごと・文化ごとに存在していた魂群の球体は、あの世でもひとつになる可能性があります。

そしてこれは宇宙人との接触や死後の世界にも言えることかもしれませんよ。

つまりこの世の宇宙のように、あの世にも（物質空間的に例えるなら）魂の塊＝魂群が惑星のように大小様々に浮かんでいながらお互いを認知していないだけで、私達がまだ出会ったことのない宇宙人たちにも、その死後にはその宇宙人だけの魂群があり、地球人類の魂群星団とは全く別の魂群星団を作っているのだと思います。

私達はこの世に生まれ、関係性を構築し理解し合い、イメージを確立して死後は望み通りに繋がり合います。そしてその一部は転生を希望して、イメージできる世界に望み通り生まれ変わる。

私達は、胎児の細胞のようなものなのかもしれません。バラバラの存在が長い時をかけて互いの希望する想いで繋がり合い、お互いを大切にしあう細胞が寄り集まって繋がり機能し合うことを目指しているような気がするのです。そのつながりを求める具体的なイメージを作るために、自分と階層レベルや性質の合わない多数の魂が体に乗って接し合うこの物質世界が必要とされて存在しているのかも。そして私達は輪廻転生を繰り返すことで、魂の世界全体が、神経細胞のように繋がりを求め、結合して何かを完成させようとしているように私は感じるのです。

現世の大切さ

これらをあの世でつなぐことができるのは、現世での出会いが生み出す相互の認識と理解、体験が生み出すイメージ力だけです。だから私は外国人犯罪に関しては厳しいことを言ってはいても、外国人を排除せず管理できる範囲内で受け入れ、日本を愛する外国人の日本社会への同化を推めながら、物質世界的には日本人特有の壊れた遺伝子があれば外国人の血でこれを修復完備し、物質世界も健全を保つべきだと思うのです。また精神性にも多角的解釈から深みを得るために、従来の日本人にはイメージできない他国の発想や文化を取り入れるべきだと訴えているのですよ。

但し、そうしたあの世の魂群のつながりを壊すような異分子、つまり自己中心的想念や、自民族至上で我が国に乗り込み、抑圧的に他民族を従えようとする、反国際社会的分子の入国には断固反対。そうした思想や理念によって、死後あの世でも共に繋がり発展しようと希望しなくなることで、魂群が分裂することになってしまうからです。

他を抑えつける「軍事力」や、縛りつける「経済力」での勢力拡張には限度があります。**今、人類に必要なのは、相手に強いる圧力や縛り付ける力ではなく、相手が**

感じ入り動き出す、つまり他国民の感動と自発的活動を引き出し仲間を増やす「魅力」です。日本にはそれがあるのです。そしてそれは、死後何の圧力も縛りもないあの世でも、魂どうし魂群どうしの強いつながりを作るでしょう。だから心身の清らかさを求め、すべてを受け入れる日本の和の思想が必要なのですよ。あの世でも、ね。

第五章
現世を整えよう

あなたがここに転生した理由

天国での生活にも限界があります。それは「イメージの限界」です。

例えば私達があの世でなにか調べ物をしようとするとき、おそらく「情報を得るならスマホだ！」という現代の現世での学習経験を活かして、スマホやパソコンをイメージするはずですが、したときには既にそれが手の上にあり、それを使い情報を得ようとするでしょう。

しかし先にあの世に行って暮らしている大先輩たちは、すでに申し上げたとおりこの時代のスマホやパソコンを知りませんから、なにか調べ物をしようと思ったらまず書棚か図書館をイメージし探します。もっと極端な例を出すと、まだ徳川家康公があの世にいるなら、その隣でマックブックPCを開きキー入力する私を見たらどうでしょう？「お主は何で鉄板を指トントンしとるんじゃ？」と不思議がるかもしれません。

パソコンには入力キーがありますが、家康公の時代にはまず「押しボタン」で作動するもの自体が少ないため、もしかするとボタンキーすら見えないかもしれませんし、見えたとして私が使い方を教えても、それがなぜ起動し画像が出て動き、或るいはなぜそこに入力できるのかイメージできず、ＰＣそのものを認知し把握することができないはずです。

ＰＣやスマホという存在を知るまでは、鷹狩りや遠乗り、時には将棋や囲碁、瀬戸物などの名物の焼物や温泉をとことん楽しめて、何も言うことがない家康公も、ＰＣを扱い楽しむ私と出会うことで、イメージが追いつかない自らの楽しみの限界を知るのです。それはまさにあの世のジェネレーションギャップ。

時代を経るごとに、とても気が合うのに全く理解できない後輩たちが増え、その楽しみを分かち合うことができない寂しさが日々増えてくるはず。特に物質に重きを置く階層では、当然話題が合わないことも出てくるはずで、それが理解できない疎外感や、またそれがイメージできない漠然とした不便さを感じるはず。新しいものを知りたいという知識欲が生まれても、想像の延長にあるものならまだしも、生前見たこともない、知らないものは、既にお話しした女性の社長のベンツについていた操作ボタンと同じで、あの世でも見えないのですから習得不可能。蘇生した人の話に、よく「あの世の人はこっちの世界が今どうなっているのか、何を楽しんでいるのかをとても知りたがっていた」という証言が出てくるのは、そうした理由によるものだと思います。そして、もっと知りたい！という強い想いが転生につながるのかも。だとすれば、魂群の端っこで孤立した魂であっても、生まれ変わって誰かと会いたい、愛されたいと熱望すれば転生が叶うチャンスがあります。

では、どの程度強くそう望めばその願いが叶えられ、転生できるのか？

おそらくそれは、それを得るために自分を一旦まっさらにしてもいい！　以前いた世界でまたすごく苦労すると思うけどそれでもいい！　と思えるレベルに達した時、叶えられるのでしょう。その魂たちも過去に現世に生まれ育った記憶があり、物質世界に転生後はあの世の記憶を失うことは体験済みのはずですが、それでもその楽しそうなイメージを掴む、またもっとたくさんの人に愛されたい、知り合いたいと強く思い転生するのだと思うのです。

で、望めば叶うのがあの世。この世からの消滅＝死には悲しみが伴いますが、あの世では消滅＝生であり希望に満ちているのです。そうして私達はすべての記憶も自我意識も失って、この世にまっさらな赤ちゃんになって生まれ直している、そんな気がします。

もちろん神になるほどの愛に満ちて自我を手放したり、絶望の末に自我を捨てたりするレベルではない層の魂たちですから、全部を捨ててまで生まれ変わろうとは思わないはずです。おそらく記憶を失うのは、存在し続ける永遠の時間の中で「物質空間世界での一時期のみ」であることも知っているはず。つまり現世で死んであの世に戻っても、物質世界に生まれる前のあの世での記憶はある程度蘇えるものと思われます。

蘇生者の話で、「とても懐かしい感じの人たちが迎えてくれた」というのは、もしかするとあの世に行って、物質世界に転生する前の気の合う仲間の記憶が蘇ったからではないでしょうか。

一方で、中心核の神の領域に近いレベルでは、互いの存在そのものを喜び合うレベルですので、物質世界の文明の利器や流行なんぞに重きを置いていないため、そうした不便や疎外感は少ないか、若しくはほとんどないと思われます。だから神様みたいな魂はなかなか人としてこの世に生まれ得ないのですが、稀に「他の魂たちのためにも大切な、あっちの物質空間世界を整えたい」と熱望し転生する神の子みたいなのが、それなりの覚悟と熱い思いを持って転生し、赤ちゃんからやり直しているのかもしれませんよ。お宅の赤ちゃん、「神」かもしれませんよ。

いや、あなたが忘れているだけであって、あなた自身が実は神の一部だったのかもしれませんよ。

お墓は心の「端末機器」

先に「孤独な魂は消えてしまうことを望み、そうなるだろう」という悲しいお話をしましたが、寂しい魂にも救いがあります。それはこの世の誰かが思い出してくれることです。

その代表的なものがお盆やお彼岸で、過去に現世で共に生きた家族や友人知人、子孫たちが思い出してくれれば、彼らと思いが繋がり合うことができるはず。ただし、魂となった存在の側から働きかけても何の作用も発生せず、生きている人からは何の反応もありません。それはお互いの想いが通じていても現世の周波数が違うからで、多数の生者である子孫たちがいっしょに自分を思い出し、あるいは想いを馳せてくれるというのは、例えるなら電波良好に受信できるラジオ局の放送が増えたようなもの。だから逆に、それが「ご先祖様」的イメージでなく少々具体性に欠ける弱い想像力でのつながりであっても、子孫や親族が集まって思いをつなぐことができるお盆やお彼岸というのは、この世に生きる知り合いや子孫がいる魂にとって、もうそれだけで楽しいイベントであるはずです。

私達自身がよく言う「お盆には魂が帰ってくる」という表現は、あの世を空間に例えてイメージして「帰ってくる」「帰っていく」ように捉えていますが、正確に言うとあの世は物質空間ではないためそうした移動を伴わず、お互い「送信できる、でも返信はできない」状態。でも日本人はそうした魂とのつながりを誰もが感じて、伝統文化にしているのだと思います。

だからお盆やお彼岸に限らず、度々ご先祖様のお墓参りに行くこともやはり大切。死ぬ前に自分を思い出してくれる家族や子孫を残すこと、友人を作りたくさんの人に喜ばれ、覚えていてもらうことは大切です。お墓はそこにある遺骨がどうとかではありませんが、その抜け殻である骨でさえ大切にしてもらえることを魂は喜ぶのです。

ただ、お墓がないと悲しいかと言うと、そうでもないかも。最近は「自然葬」としてご遺骨を海に流したり、山に撒いたりもするそうですが、**大切なのは遺族が海を見た時に、或いは山を見た時、またその故人に関わる様々な場所で、故人や先祖の魂を想い、或いは具体的にイメージしてくれるかどうか、です。**たとえお墓があっても誰も来てくれない、墓持ちの無縁仏みたいになった魂は、やっぱり寂しいと思います。

お墓は特にそうですが、石碑や思い出の場所や遺品なども、また「生きた証」となる何かを形や文化に残すことができれば、死後それは生者と死者の魂をつなげる素晴らしい働きをします。魂に祈り想いを届けるお墓や神社、記念碑などは、その人をより具体的に思い出しイメージさせ生者の想いを伝える心の通信機器であり、そうした人たちを多数集めるランドマークにもなるのです。

またそれがお墓であれ散骨した海であれ、そこに来て祈るため大切な時間（＝その人の寿命）を費やして来てくれるという、想いを形に示した姿勢にこそ魂たちは喜び、感謝しているのではないでしょうか。あの世でスマホで遊ぶ新参の魂と、楽しみが共有できずちょっと寂しさも感じる戦前や江戸時代の古参の魂も、誰かが覚えていてくれて、語りかけてくれるという楽しみがあるだけで、「俺、もうちょっとここで生きてみようかな」と思えるはず（もう死んでますが）。どの階層に落ちつくかは別として、歴史に名を残して思い出してもらえる機会の多い、毎年武将ランキング1位の織田信長公や2位の伊達政宗公、また参拝者が多い幕末の志士たちの魂は、この世の人間に思い出してもらったり、想いを伝えてもらえたりするうちは、それが嬉しくて生まれ変わろうとはしないかもしれませんね。

愛にあふれるパワースポット神社

私は保守派の論客としてネット番組やラジオに出ておりますが、50超えてもまだまだ「若手」扱いなので、自分の力ではどうにもならないことも多々あります。だから私は私に適したいくつかのパワースポットを押さえていて、たまにそこに行くのですよ。

「パワー」は人それぞれなので、どこでどんなパワーを得るかも、みな違うと思います。

私の場合、その一つが、あの「軍国主義の象徴」とされる靖国神社です。特定の方々にとっては、そこに近寄るだけで「軍靴の足音」が聞こえ戦争を直感するというオカルトスポットですが、オカルトなのはそいつの頭なのでご安心ください。「ええ!?　この本の終盤で靖国神社の宣伝かよ!?」と思った方、私は靖国さんからカネもらってるわけじゃないので勝手な想い入れを書きますが。まず靖国神社に行ってみたことはありますか？

生者が政教分離で問題化しようとしたり、特定の想念から生まれた共産主義国などから干渉の的にされたりして、現世の政治的影響を受けやすいところではありますが、それはあくまで現世での話。なぜここが私のパワースポットかと言うと、肉体の制約から解放された魂（＝英霊）の集まる場所であるだけではなく、例大祭や終戦の日には彼らに心を寄せる生者もここに集まり、互いの元気を喜び合う場所だからです。

しかもここは単なる宗教施設ではありません。神道とは異なる一神教のキリスト教カトリックも、なんと靖国神社への参拝を認めているのです。1936年5月26日には、教皇庁布教聖省が日本のカトリック教会に「祖国に対する信者のつとめ」と題した第一聖省訓令としてその指針を述べており、愛国心と忠誠心の表現として信者に靖国神社参拝を認めています。これは戦後も同じく、1951年11月27日付の「第二聖省訓令」においても認められているのです。

カトリック教会内にはかなり変な分子も入り込んでしまい、知り合いのカナダ人神父さんが困るほどの左翼的思想感染も進んでいるのですが……。

ええい、静まれ静まれぇ！　本件ご裁可をどなたと心得る？　畏れ多くも世界13億信者の頂点にして神の代理人たる、先の教皇ピオ12世様にあらせられるぞ。ええい、一同、頭が高い！　控えおろう！

しかもこの靖国神社では、新興宗教を含めた他宗教の賛美歌やダンスの奉納、密教の護摩壇祈祷まで受け付けていて、チベット仏教の頂点にある第14世ダライ・ラマ法王もご参拝。さらに境内には軍馬や軍用犬、軍用伝書鳩の慰霊碑までありますし、さらに本殿近くの奥まった一角には、「鎮霊社」があります。ここでは、逆賊とされた西郷隆盛公や幕府軍との戦いで自決した白虎隊、さらにはかつて日本に敵対し戦って命を落とした他国の将兵や、最近ではコソボ紛争や湾岸戦争の犠牲者までもがお祀りされているのです。(残念ながら鎮霊社は防犯上の理由により進入禁止エリアとなっていて、遠くに見えるその入口から参拝可能)

どうですか？　敵味方混成の軍人集団と軍馬軍犬ハトポッポの魂がパワーくれたら、もう相手が嫌な上司だろうが、クレーマー常連客だろうが、負ける気がしないでしょ？

しかもここにお集まりの魂は、その質が違います。なんと言ってもあの世の魂群の中核に近い存在だからです。新約聖書ヨハネの福音書第15章13節には、神の子キリストが、

「人がその友のために自分の命を捨てること、これよりも大きな愛はない」

という言葉を残しています。当時は未だ見ぬ私達子孫のために戦い命を捨てた、神の子お墨付きの魂が集う場所なのです。

そして生前「靖国で会おう！」と約束していくさ場に散った魂が、今は英霊とされてこの神社で再会しているわけですが、私を含む保守系論客の先輩方も、死んだらここでまだ生きている仲間を待つでしょう。生きている側もここに来れば会えることがわかっていますからね。

つまり靖国神社は世界平和祈念施設にして魂の待ち合わせ場所であり、敵と味方、人と動物、あの世とこの世を祈りでつなぐパワースポットなのです。

警察官から徴兵に応じこの神社に直行しちゃった私の祖父も、ここに祀られていますので、私も何かの折には参拝し、微々たる額ながら玉串料納めて一人で昇殿参拝したりもしておりますが、例大祭などの行事の日とは別に、全くの平日に心静かにお参りするのもおすすめです。境内敷地内や遊就館（博物館）を散策したり、売店で小腹を満たしたり、木陰で読書したりとのんびりできますし、英霊認定されていない同じ想いの魂もそこに来て、皆さんの想いや存在を喜んでくれるでしょう。

でももしかしたらもうこっちに生まれ変わっている魂がいるかもしれませんし、それはあなたなのかもしれません。

日本に生まれ変わりたいと願う魂たち

ところが今、魂たちが強く熱望しても、そう簡単に日本に生まれ変わることができなくなりつつあるのです。日本に生まれ変わるためには、熱望とか渇望とかいう程度の想いで転生できる状態ではないのです。

２０１４年5月16日の@Niftyニュースによると「生まれ変わっても日本人になりたい」と思っている人は89・４％、「なりたくない」は10・６％で、「生まれ変わっても日本人になりたい」理由を聞いたところ「治安、安全性」（64・６％）がトップ。次いで「食」（43・４％）、「国民性」（36・４％）、「四季」（27・１％）、「自然」（16・

3％）だった模様。治安がトップにあることは元警察官としてとても嬉しいですね。
また、生まれ変わったら男女どちらを希望するかというアンケートでは、「男」が69％に対し「女」が31％と、7対3の割合で「男」に生まれ変わりたいと思っている人の方が多い、という結果になりました。

戦争が終わり、経済が伸び続けることを当然のように信じることができた昭和の日本に、男に生まれた私は超ラッキーだったのかもしれません。もちろん次の転生でも私は日本に生まれたいと思っています。

……が、その生まれ変わる土台を作るのは私達、現世に生きる人間です。日本人は子供を産まなくなっています。というか環境的・経済的に生んで育てる余裕がない上に、結婚しなくても、また離婚しても社会福祉が充実し、民間サービスも微に入り細を穿《うが》つ商売が多数あるため、出産どころか無理に結婚する必要がないのです。

だから9割がまた日本に生まれ変わりたいと回答しているのに、赤ちゃんの出生率自体がどんどん落ちているのではないでしょうか。合計特殊出産率（一人の女性が出産可能とされる15歳から49歳までに産む子供の数の平均）は平成30年の段階で1・42人、これまでの最低数を更新して一年間に91万８３９７人しか赤ちゃんが生まれていないのです。

日本の少子化は経済的理由や社会構造など様々な原因が考えられますが、これは現世の日本だけの問題ではなく、あの世にとっても大問題。というのも、あの世において、日本に生まれることを熱望する元外国人の魂たちの出生競争倍率が高まっている可能性が高いからです。台湾ではかなり前から、日本のアニメなどを入り口に、現代日本の大衆文化に憧れる「哈日族《ハーリーズー》」が定着拡大しています。まあ親日国ならまだわかるとして、覇権国家的反日姿勢を度々示す中国でも、旧日本軍の軍装をするなど逮捕覚悟のコスプレで日本ラブを訴える「精日《ジンリー》（精神的日本人）」が増加中。さらに北朝鮮でも、日本の在日朝鮮人から仕送りされる美味しい食べ物やお菓子類などの影響で、口には出せない日本好きが多いのだそうな。大体にして金正恩の母親はその昔日本で生活していた在日朝鮮民族ですよ。

また事あるごとに日本を目の敵にして難癖つけて反日的反応を示す韓国はどうかというと、韓国文科省統計数理研究所が２０１３年10～12月に行った国民性調査（20歳以上の男女３１７０人対象）では、「生まれ変わるなら日本と外国のどちらが良いか」という二者択一の質問に対し、20代の73％が「日本」を選んだそうな。２０１９年12月15日のハンギョレ新聞によると、そもそも若者の75％が「韓国を離れたい」と考えているそうで、もう死ぬ前から自国の社会を「ヘル（地獄）朝鮮」と呼ぶなどボロックソ。彼らも死後しばらくしたら日本への転生を希望することが考えられますし、日本に憧れ生まれたい外国人は東アジア諸国のみならず、世界各国に増加中と思われます。

実際に、日本の伝統文化から現代文化、さらには多様な価値観でニッチな需要をもつ変態的マニアックな文化まで、世界の人々はネットで日本の面白さを楽しみ、イメージし、期待して来日するのです。そして今、日本に憧れ来日して定着する外国人はうなぎのぼりに増えています。最近はコロナウイルス感染の影響もあり、訪日外国人客数も大幅に減りましたが、日本を知らない世代が国際社会に増えない限り、面白いもの、楽しいもの、素晴らしいものの情報は、強制力ではなく魅力を持って自動的に拡散されていきます。

　このように、日本に憧れるだけでなく、自国の現実に失望して来日・滞在する人も多く、これらの外国人が死後転生したら日本に生まれ変わろうと熱望することは容易に想像できます。そしてそのイメージ力も10年前より確実にしっかりとしているため、死後はあの世でも日本民族の魂群にアクセスしやすくなっていますし、日本への憧れは日本人以上かもしれません。反面、日本の素晴らしさを自覚していない日本人死者の魂は、生前の感謝や知識の不足からイメージが弱く熱望のレベルが低いため、日本に転生しにくくなっていると思われます。

　あなたは死後、一休みしたら、また日本に生まれたいですか？　それをどれくらい熱望していますか？

　それとも外国に生まれてみたいですか？

それもいいと思います。私達はそうして出会い、別れ、拡散して、あの世でまた出会い、それを繰り返しながら繁栄を志向する永遠の存在なのですから。今生に限らずあの世でも次の生においても、望むままに突き進んで死に、生まれて生きてまいりましょう。

おわりに

現世では様々な人と出会うことで、様々な新しい発見を生み出します。そして人として生きる間にも霊的な化学反応が発生します。あるときは猛毒同士が中和したり、透明な者同士なのに交わったら毒ガスが出るような、予想外の組み合わせや変化もあるでしょう。私達はそうした、あの世ではありえない人と人との組み合わせから、それまでイメージも希望することもできなかった様々な喜びや悲しみを発見しながら楽しみを得、新しいものを作り出し、イメージを習得するのです。さらに言語や文化を超えて交流することで、異文化や新たな視点を取り入れ、得ることができます。しかし真似るだけではすぐに飽きてしまうのが日本人で、これまでにもその発展を模索して国民文化的なたくさんのものを生み出しているのです。

西洋では主食でしかなかったパンにあんこを入れることから発展したアンパンなど独自のパン文化や、今や日本の一大産業となった自動車産業、本場であるはずの中国人さえ「日本に行ったら必ず食え！」というラーメン文化などは、諸外国との交流から生まれた化学反応による、日本独自の新しい文化であり、今やそれらは日本人の日々の楽しみにして、世界の楽しみでもあるのです。

こうした、あの世ではありえない出会いから生まれる霊的・物質的発展を体験し習得して、その死後は体験したイメージによりそれを再現し、つながりを得て楽しみ合う。私は今回もそのために転生したのではないかと思うのです。

全く違う魂群や違う層から、たくさんの魂が肉体を得てこの世に生まれてきているのであれば、現世で何かを知るために出会い、末永く仲良くあり続ける関係も生まれるでしょう。さらにこの世では私達自身も成長変化しますので、ここで初めて出会い、気が合ったりケンカする関係もあるでしょう。

「運命の出会い」とは、何も恋人に限ったことではありません。この世ならずあの世でもその魂の存在そのものに影響を及ぼす永遠の、或いは一時的な出会いは全て「運命の人」との出会いです。それが「戦う運命の人」であれ「愛し合う運命の人」であれ、「真理を共に探す運命の人」であれ、実はその全てが「運命の出会い」であり、そうなり得るのです。

しかし一番大きな運命の出会いは、生まれた瞬間ですよ。もしかすると私達はあの世で親となる男女を探し、目に見えない恋のキューピッド？　のような働きをして、自分の生まれる基礎を作っていたのかも（笑）。キューピッドが赤ちゃんの姿で描かれることが多いことや、赤ちゃんが無条件に親を大好きなのは、生前に苦労して父母となる男女をくっつけたからかもしれませんね。

長い地球の歴史の中の、特に変化が激しそうなこの時代、しかも諸外国で「戦時状態」とか、我が国でも「緊急事態」とかいうこの時代のこの国にいることができるのも、とても幸運でエキサイティングなこと。明日のことは誰にも分からず、過去に帰ることもできず、私達は今この時にしかいることはできません。それでもこの生命をフルに使い、今できること、今したいこと、今すべきことをなして、その生き様を宇宙の光に刻みつけ、何百年後にも共にその記録を楽しみ合いたいものですね。

あなたがここに転生した理由

元刑事が読み解く死後の世界の話、あの世は天国しかない地獄

令和2年6月23日　初　版　発　行
令和4年1月26日　第　4　刷　発　行

著者　坂東忠信

発行人　蟹江幹彦

発行所　株式会社　青林堂

〒150-0002　東京都渋谷区渋谷3-7-6

電話　03-5468-7769

装幀　TSTJ Inc.

印刷所　中央精版印刷株式会社

Printed in Japan

ISBN 978-4-7926-0679-4

日本版　民間防衛

江崎道朗
濱口和久
坂東忠信
富田安紀子（イラスト）

テロ・スパイ工作、戦争、移民問題から予期せぬ地震、異常気象、そして災害！　その時、何が起きるのか？　我々はどうやって身を守る？　各分野のエキスパートが明快に解説しました。

定価1800円（税抜）

みんな誰もが神様だった

並木良和

目醒め、統合の入門に最適。東大名誉教授矢作直樹先生との対談では、日本が世界のひな型であることにも触れ、圧巻との評価も出ています。

定価1400円（税抜）

新型コロナウイルスへの霊性と統合

並木良和
矢作直樹

中国・武漢を発端に全世界に急激に広がった新型コロナウイルス‼　日本政府はどう対峙するべきか？　そして中国はどうなるのか。

定価1200円（税抜）

ピラミッド封印解除・超覚醒 明かされる秘密

松久正

ピラミッドは単なる墓などではなかった‼ 88次元存在であるドクタードルフィンによる人類史上8回目の挑戦で初めて実現させたピラミッド開き！

定価1881円（税抜）

神ドクター Doctor of God

松久正

至高神・大宇宙大和神（金白龍王）が本書に舞い降りた！ 神々を覚醒・修正するドクタードルフィンが、人類と地球のDNAを書き換える！

定価1700円（税抜）

僕が神様に愛されることを厭わなくなったワケ

保江邦夫

なぜこの僕に、ここまで愛をお与えになるのかイエス・キリストからハトホル神、吉備真備、安倍晴明まで次々と現われては、お願い事を託されてしまった！

定価1400円（税抜）

籠池家を囲むこんな人たち

籠池佳茂

籠池泰典の実の息子が森友問題に終止符を打つ！ 安倍総理夫妻は、森友問題とは無関係！ 愛国者の両親をとことん利用する反安倍派の人々。

定価1400円（税抜）